医药市场营销理论与实践案例

唐　燕　杨蒙莺　吴　菁　著

清华大学出版社

北京

图书在版编目（CIP）数据

医药市场营销理论与实践案例 / 唐燕，杨蒙莺，吴菁著 . 一北京 : 清华大学出版社，2022.8
（2023.8 重印）

　ISBN 978-7-302-61555-2

　Ⅰ . ①医… 　Ⅱ . ①唐…②杨…③吴… 　Ⅲ . ①药品－市场营销学－研究－中国 　Ⅳ . ① F724.73

中国版本图书馆 CIP 数据核字（2022）第 143783 号

责任编辑：孙　宇
封面设计：吴　晋
责任校对：李建庄
责任印制：杨　艳

出版发行：清华大学出版社
　　　　　网　　　址：http://www.tup.com.cn，http://www.wqbook.com
　　　　　地　　　址：北京清华大学学研大厦 A 座　邮　　编：100084
　　　　　社 总 机：010-83470000　　　　　　　邮　　购：010-62786544
　　　　　投稿与读者服务：010-62776969，c-service@tup.tsinghua.edu.cn
　　　　　质量反馈：010-62772015，zhiliang@tup.tsinghua.edu.cn
印 刷 者：天津安泰印刷有限公司
经　　销：全国新华书店
开　　本：165mm×235mm　　　印　张：12.5　字　数：153 千字
版　　次：2022 年 9 月第 1 版　　　印　次：2023 年 8 月第 2 次印刷
定　　价：68.00 元

产品编号：097969-01

前　言

市面上有关市场营销的书有很多，但针对特定行业尤其是医药行业营销的书籍非常有限。首先，医药是关系民生的重要行业，医药产品的营销受到国家多个部门的严格监管，很多营销手段不能用。其次，医药产品也存在同质化的现象，竞争激烈，迫使医药企业不得不做营销。最后，医药产品的功效复杂，需要让医生护士等医务人员充分了解医药产品的适应证、作用机理、不良反应等相关信息，才能做到对症下药，更好地为患者提供优质的诊疗服务，达到治病救人的目的。所有这些，都注定了医药产品的营销要有自己的特点。

随着外资医药企业进入我国市场，他们在带来医药产品的同时也带来了医药产品的营销理念、手段和方法，"医药代表"成了现在大家熟悉的一个新职业。外资药企带来的医药营销理念和 SFE 营销绩效管理理论不仅被外企运用至今，也越来越得到本土药企的认可、借鉴和发展。

国家为能提供更好的医疗保障还在继续做不断的努力，医药产品的研发和生产企业也不断地推出更有效的治疗手段。由于医疗市场存在高度信息不对称的现象，让大众对医药行业容易产生误解，认为医药行业的市场营销就是给医生好处，还可能由此激发医患矛盾。

笔者自 2002 年起一直沉浸在医药行业，参与并见证了业内许多知名企业这二十多年来在我国医疗市场的成长历程。希望通过这本书，总结中国医药市场营销的发展历程，介绍医药营销理念和 SFE 营销绩效管理理论，分享药企的实践和案例，为进入该行业的有志之士提供一本入门指导书和参考书。同时，也希望通过本书的出版，能让大众对医药产品的营销有一个较为全面客观的认识，为改善大众对该行业的偏见做点努力。

本书共分 4 个章节。第 1 章在回顾了我国医药卫生体系的沿革后，总结了从 2009 年开始的新医改以来医疗健康产业相关的国家关键政策，通过对医疗健康产业的特点及我国市场情况的分析，探讨了医药企业的市场机遇。第 2 章首先从医药产品的市场营销理念"学术推广，价值传递，整合方案，客情服务"出发，讲述相应的理念、实践和案例，涵盖学术、推广、战术、合规和供应。介绍了医药产品的主要类别，以及它们各自的学术推广模式。第 3 章介绍了 SFE 的核心理论，涉及市场定义、营销团队组织和部署、信息传递、覆盖率和频率、辅导和激励、投入和产出综合评估等方面。第 4 章介绍了医药行业营销领域使用的一些关键系统，涵盖 CRM（客户关系管理系统）、BI（商业智能分析和报告系统）、流向管理系统、主数据管理系统、业务规划系统、数字化和客户 360°，以及最近才在医药行业有所尝试的低代码平台。

本书是笔者对医药行业营销以及营销绩效管理理念的归纳和总结，很高兴能与每一位打开本书的读者朋友分享，也殷切希望您能从中受益。同时，由于医药产品的营销也在不断地变革，这本书难免有疏漏之处，殷切盼望业界同仁以及广大读者的反馈和指正。

唐　燕

2022 年 7 月于上海

目　录

第1章

我国卫生健康产业外部环境分析

1.1 我国医药卫生体系沿革概述

梳理我国医药卫生体系发展历程。计划经济时期，我国医药卫生体系的总体特点是"低水平、广覆盖"。在整个经济发展水平相当低的情况下，制定了"预防为主"的正确方针；通过有效的制度安排，我国政府仅用占 GDP 3% 左右的卫生投入，就大体上满足了我国城乡居民的基本医疗卫生服务需求。这一时期，我国国民健康水平迅速提高，国民综合健康不少指标甚至达到了中等收入国家的水平，我国因此被一些国际机构评价为发展中国家医疗卫生工作的典范。

但是，在突出"平等"的同时，存在卫生资源分配和医疗卫生服务效率低下的状况，也缺乏跨企业或跨地方政府的风险共担机制。在整个计划经济时期，"我国城镇医疗保障也没有实现全覆盖，享有医保的城镇人口很可能在 70% 左右"；"占全国人口 80% 的农民属于自费医疗，基本的医疗保健服务没有得到保障。"

改革开放后，我国有中国特色的市场经济体制，经济建设成为政府新的工作重心，政府公共财政对医疗卫生的投入相对减少，实行"效率优先、兼顾公平"的卫生改革政策；基本医疗卫生服务体系由计划经济时期的"公益性"向"效益性"转变。原先的"既给政策又给钱"在 20

世纪 80 年代初转变为"只给政策不给钱"，在卫生费用的支付构成中，社会卫生支出和个人卫生支出的比重大幅提高。医疗机构受到来自"市场"的巨大压力，医务人员也不再满足于"大锅饭"，"医疗"不得不努力追求"效益"。与此同时，广大人民群众生活水平的提高和改变也对医疗服务"效率"提出了更高的要求。1981 至 1989 年间，每隔三四年就有中央文件出台，其中 1984 年 8 月卫生部起草的《关于卫生工作改革若干政策问题的报告》提出，"必须进行改革，放宽政策，简政放权，多方集资，开阔发展卫生事业的路子，把卫生工作搞好"，从此医改正式拉开帷幕。

1992 年 9 月，国务院下发《关于深化卫生改革的几点意见》掀起了新一轮的改革浪潮。这一时期卫生系统的内部争论日渐兴盛，以政策法规司和医政司为代表，围绕政府主导还是市场改革展开激烈争论。2000 年 2 月国务院办公厅转发了国务院八部委《关于城镇医药卫生体制改革的指导意见》，提出了"实现卫生全行业管理、建立新的医疗机构分类管理制度、深化改革医院的运行体制和卫生事业单位人事制度，分配制度"等 14 条指导意见，指出卫生改革要建立适应社会主义市场经济要求的城镇医疗卫生体制，促进卫生机构和医药行业健康发展，要打破医疗机构的行政隶属关系和所有制界限，积极实施区域卫生规划，用法律、行政、经济等手段来加强宏观管理。该意见中，写入了"鼓励各类医疗机构合作、合并""共建医疗服务集团、营利性医疗机构医疗服务价格放开，依法自主经营，照章纳税"等条目；随后还出台了 13 个配套政策文件。

这期间，医保方面也发生了重大变化。在城市，公费医疗和劳保渐渐退出历史舞台，1998 年我国开始建立城镇职工基本医疗保险制度。为了实现基本建立覆盖城乡全体居民的医疗保障体系的目标，2007 年，国务院决定从该年起开展城镇居民基本医疗保险试点，其筹资方式以政府为主导，以居民个人（家庭）缴费为主，政府适度补助。在农村，随着传统的集体合作制的瓦解，原先农村合作医疗也解体了；根据《中共中央国务院关于进一步加强农村卫生工作的决定》，2003 年，新型农村合作医疗开始试点。

"医药"方面也进行了较大程度的改革。基本药物供应保障体系，由计划经济时期的统购统销逐步放宽管控，允许医疗机构收取不超过20% 的加成。2005 年，卫生部出台《药品集中采购监督管理办法》，规定所有公立医疗机构使用药品必须竞价采购，中标价由省级药品集中采购管理办公室（卫生系统牵头，由纠风、纪检、物价、药监、工商等部门联合组成）审定公布，各地陆续将药品集中采购组织层次提升至省级。

2005 年"非典"过后，全社会对于政府责任、基本医疗的地位等进行了深刻反思，形成了统一的认识，认为为城乡全民提供基本医疗服务尤其是公共卫生服务政府责任重大。经过数年的酝酿，2009 年我国启动了"新医改"。

1.2　新医改以来医疗健康产业关键政策

1.2.1　新医改，新方向

2009 年《中共中央国务院关于深化医药卫生体制改革的意见》正式出台，由此拉开新一轮医疗卫生体制改革的大幕；随后国务院又印发《医疗卫生体制改革近期重点实施方案（2009—2011 年）》，这两份文件确立了医疗改革总体目标，即短期目标为解决人民群众"看病难、看病贵"的问题，远期目标为建立覆盖城乡全体居民的基本医疗卫生制度，并遵循"保基本、强基层、建机制"的原则要求，明确了这一时期医改的五大重点：扩大医保覆盖面、建立基本药物制度、社区卫生机构建设、基本公共卫生服务均等化及推行公立医院改革试点。

2013 年十八届三中全会也明确指明了医疗卫生体制改革的方向，继续深入推进新医改。

1.2.2 "健康中国"战略

2016 年 8 月在全国卫生与健康大会上，中共中央总书记、国家主席、中央军委主席习近平首次提出把人民健康放在优先发展的战略地位，健康中国上升为国家战略。2016 年 10 月印发的《"健康中国 2030"规划纲要》，为我国朝着全方位全周期全民健康保障发展指明方向。国务院总理李克强在 2018 年政府工作报告的建议中也提到，国家卫生健康委员会的工作重点主要涵盖"优化健康服务，完善健康保障"等任务。

2019 年通过《中华人民共和国基本医疗卫生与健康促进法》，以上位法的形式明确规定我国医疗卫生与健康事业应当坚持以人民为中心，为人民健康服务。具体来讲，医疗卫生事业应当坚持公益性原则；国家和社会尊重、保护公民的健康权；国家实施健康中国战略。国家建立基本医疗卫生制度，建立健全医疗卫生服务体系，保护和实现公民获得基本医疗卫生服务的权利。各级人民政府应当把人民健康放在优先发展的战略地位。国家大力发展中医药事业。

2021 年 8 月 17 日习近平总书记在关于共同富裕的讲话中指出，须促进基本公共服务均等化。其中包括完善养老和医疗保障体系，逐步缩小职工与居民、城市与农村的筹资和保障待遇差距。

1.《"健康中国 2030"规划纲要》

2016 年 10 月 25 日中共中央、国务院发布《"健康中国 2030"规划纲要》（以下简称《纲要》），明确了建设健康中国的大政方针和行动纲领，强调了要持续改善人民健康状况和基本医疗卫生服务的公平性、可及性，为中国医疗健康产业的布局指明了方向。习近平总书记指出，健康是促进人的全面发展的必然要求，是经济社会发展的基础条件，是民族昌盛和国家富强的重要标志，也是广大人民群众的共同追求。党中央指出，编制和实施《纲要》是贯彻落实党的十八届五中全会精神、保障人民健康的重大举措，对全面建成小康社会、加快推进社会主义现代化具有重大意义。

《纲要》由总体战略、普及健康生活、优化健康服务、完善健康保障、建设健康环境、发展健康产业、健全支撑与保障、强化组织实施等八篇组成。《纲要》中与医疗、医药营销密切相关的内容如下。

指导思想。"以提高人民健康水平为核心，以体制机制改革创新为动力，以普及健康生活、优化健康服务、完善健康保障、建设健康环境、发展健康产业为重点，把健康融入所有政策，加快转变健康领域发展方式，全方位、全周期维护和保障人民健康，大幅提高健康水平，显著改善健康公平，为实现'两个一百年'奋斗目标和中华民族伟大复兴的中国梦提供坚实健康基础"。建设健康中国，要遵循健康优先、改革创新、科学发展、公平公正等四项原则。"共建共享、全民健康"，是建设健康中国的战略主题。

战略目标。"到 2020 年，建立覆盖城乡居民的中国特色基本医疗卫生制度，健康素养水平持续提高，健康服务体系完善高效，人人享有基本医疗卫生服务和基本体育健身服务，基本形成内涵丰富、结构合理的健康产业体系，主要健康指标居于中高收入国家前列"；"到 2030 年，促进全民健康的制度体系更加完善，健康领域发展更加协调，健康生活方式得到普及，健康服务质量和健康保障水平不断提高，健康产业繁荣发展，基本实现健康公平，主要健康指标进入高收入国家行列"；"到 2050 年，建成与社会主义现代化国家相适应的健康国家"。

优化健康服务。涵盖强化覆盖全民的公共卫生服务、提供优质高效的医疗服务、充分发挥中医药独特优势、加强重点人群健康服务等。

完善健康保障。包括健全医疗保障体系（完善全民医保体系、健全医保管理服务体系、积极发展商业健康保险）和完善药品供应保障体系（深化药品、医疗器械流通体制改革、完善国家药物政策）等。

发展健康产业。包括优化多元办医格局、发展健康服务新业态、积极发展健身休闲运动产业、促进医药产业发展等。

健全支撑与保障。涵盖深化体制机制改革、加强健康人力资源建设、推动健康科技创新、建设健康信息化服务体系、加强健康法治建设、加强国际交流合作等内容。

总之，《纲要》是其颁布15年内推进健康中国建设的行动纲领，这也是新中国成立以来首次在国家层面提出的健康领域中长期战略规划。

2.《健康中国行动（2019—2030年）》系列文件

2019年7月，国务院下发《国务院关于实施健康中国行动的意见》《健康中国行动（2019—2030年）》《健康中国行动组织实施和考核方案》等系列文件，推动全民健康。

其中《健康中国行动（2019—2030年）》围绕疾病预防和健康促进两大核心，提出将开展15个重大专项行动，促进以治病为中心向以人民健康为中心转变，努力使群众不生病、少生病。专项行动包括：健康知识普及、控烟、心理健康促进、心脑血管疾病防治、癌症防治等。

2019年7月9日，国务院成立健康中国行动推进委员会，负责统筹推进《健康中国行动（2019—2030年）》组织实施、监测和考核相关工作。根据疾病谱变化及医学进步等情况，研究对健康教育和重大疾病预防、治疗、康复、健康促进等提出指导性意见，并适时调整指标、行动内容。《健康中国行动（2019—2030年）》制定的总体目标为：

"到2022年，覆盖经济社会各相关领域的健康促进政策体系基本建立，全民健康素养水平稳步提高，健康生活方式加快推广，心脑血管疾病、癌症、慢性呼吸系统疾病、糖尿病等重大慢性病发病率上升趋势得到遏制、重点传染病、严重精神障碍、地方病、职业病得到有效防控，致残和死亡风险逐步降低，重点人群健康状况显著改善。"

"到 2030 年，全民健康素养水平大幅提升，健康生活方式基本普及，居民主要健康影响因素得到有效控制，因重大慢性病导致的过早死亡率明显降低，人均健康预期寿命得到较大提高，居民主要健康指标水平进入高收入国家行列，健康公平基本实现，实现《"健康中国 2030"规划纲要》有关目标。"

根据健康中国行动，心理健康促进、心脑血管疾病防治、癌症防治、糖尿病防治、慢性呼吸系统疾病防治、传染病及地方病防控等为其重要内容。来自 E 药经理人研究院的数据[①]表明（图 1-1），2020 年前后，我国 16.1% 的人存在不同程度心理问题，抑郁患者达 5,000 多万人，2018 年的抑郁症治疗率仍不足 10%；我国心血管疾病现患人数达 2.9 亿，2018 年高血压治疗率仅为 40%；我国每年癌症新发病例约为 380.4 万例，癌症 5 年生存率已达 40.5%，但仍低于发达国家水平；中国糖尿病的人数超过 1.1 亿人，并且有 5 亿人处于糖尿病前期，2017 年糖尿病治疗率约为 32%；我国哮喘病患者数超过 3,000 多万，慢性阻塞性肺疾病（COPD）患者上亿人，70% 的哮喘未被诊断，COPD 早期诊断率为 3%；传染病防治方面，我国约有 1 亿以上乙肝病毒携带者，正在治疗的艾滋病患者有 200 多万，2003 年和 2020 年疫情暴发。

---

① 本书引用的 E 药经理人研究院的数据均来自 2021 年 12 月 24 日本书作者对 E 药经理人研究院院长黄东临的访谈资料。

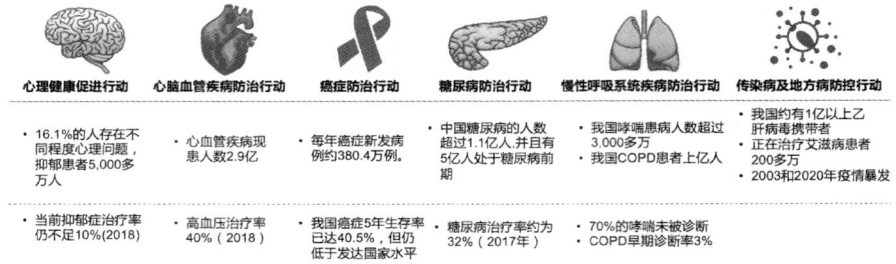

心理健康促进行动	心脑血管疾病防治行动	癌症防治行动	糖尿病防治行动	慢性呼吸系统疾病防治行动	传染病及地方病防控行动
· 16.1%的人存在不同程度心理问题，抑郁患者5,000多万人	· 心血管疾病现患人数2.9亿	· 每年癌症新发病例约380.4万例。	· 中国糖尿病的人数超过1.1亿人,并且有5亿人处于糖尿病前期	· 我国哮喘患病人数超过3,000万 · 我国COPD患者上亿人	· 我国约有1亿以上乙肝病毒携带者 · 正在治疗艾滋病患者200多万 · 2003和2020年疫情暴发
· 当前抑郁症治疗率仍不足10%(2018)	· 高血压治疗率40%（2018）	· 我国癌症5年生存率已达40.5%，但仍低于发达国家水平	· 糖尿病治疗率为32%（2017年）	· 70%的哮喘未被诊断 · COPD早期诊断率3%	

图 1-1　健康中国行动主要疾病防控计划

数据来源：E 药经理人研究院根据《健康中国行动（2019—2030 年）》系列文件整理，2021。

如图 1-2 和图 1-3 所示，以心血管疾病和肿瘤为例，对照具体的防治行动和预期目标来看，我们目前所做的还远远不够，我国健康产业市场仍存在较大发展空间。

3. "十四五"规划提出"全面推进健康中国"战略

2021 年 3 月，十三届全国人大四次会议通过《中华人民共和国国民经济和社会发展第十四个五年规划和 2035 年远景目标纲要》，其中第四十四章有关全面推进健康中国建设的内容，把保障人民健康放在优先发展的战略位置，坚持预防为主的方针，深入实施健康中国行动，完善国民健康促进政策，织牢国家公共卫生防护网，为人民提供全方位全生命周期健康服务。

"十四五"规划对于全面推进健康中国建设，具体提出以下六项战略任务。第一，构建强大公共卫生体系。改革疾病预防控制体系，强化监测预警、风险评估、流行病学调查、检验检测、应急处置等职能。建立稳定的公共卫生事业投入机制，改善疾控基础条件，强化基层公共卫生体系。第二，深化医药卫生体制改革。坚持基本医疗卫生事业公益属性，以提高医疗质量和效率为导向，以公立医疗机构为主体、非公立医疗机构为补充，扩大医疗服务资源供给。第三，健全全民医保制度。健全基

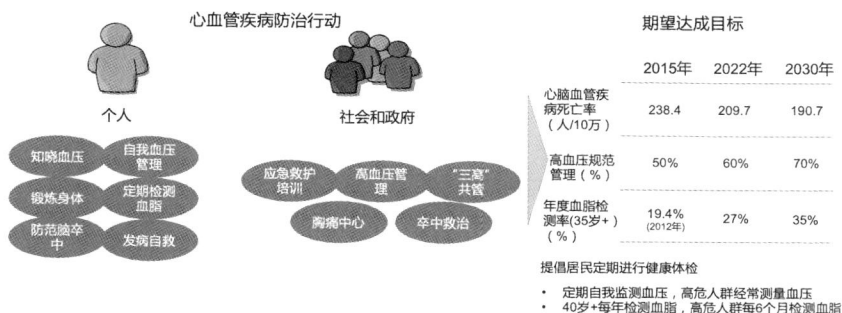

图 1-2　健康中国行动之心血管疾病防治行动与目标

数据来源：E 药经理人研究院，2021。

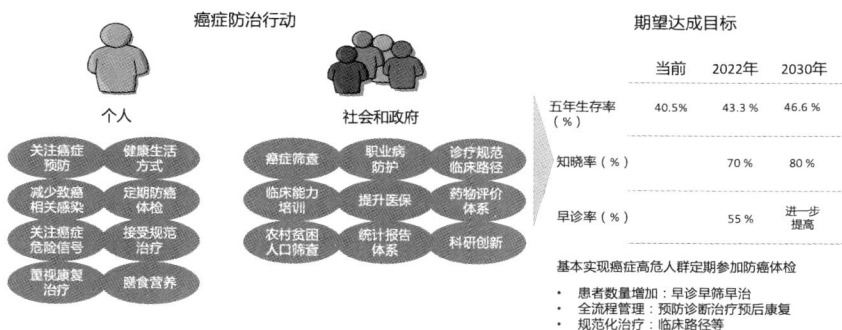

图 1-3　健康中国行动之癌症防治行动与目标

数据来源：E 药经理人研究院根据《健康中国行动（2019—2030 年）》系列文件整理，2021。

本医疗保险稳定可持续筹资和待遇调整机制，完善医保缴费参保政策，实行医疗保障待遇清单制度。做实基本医疗保险市级统筹，推动省级统筹。第四，推动中医药传承创新。坚持中西医并重和优势互补，大力发展中医药事业。第五，建设体育强国。第六，深入开展爱国卫生运动。

1.2.3 "三医"联动

2014 年 3 月 25 日，国务院总理李克强主持召开国务院常务会议，确定深化医药卫生体制改革重点工作。会议强调，我国将继续加大投入，注重发挥市场作用，实行医疗、医保、医药三联动，强化公共卫生服务，我国将切实满足人民群众的医疗卫生需求。

医疗卫生服务体系应当是一个系统的整体，"三医"须联动，整个"三医"联动治理体系是一个有机联系的整体，如图 1-4 所示。"医疗"旨在建立起优质高效的医疗卫生服务体系。"医保"和"医药"共同支撑起"医疗"："医保"对"医疗"进行支付、引导和监管，"医药"为"医疗"提供要素供应并获得相应补偿。同时，"医保"也对"医药"进行支付、引导和规范。"三医"联动最终维护增进健康。各级政府在整个过程中提供体制机制保障和技术支撑条件；各职能部门制定相应专项政策；各参与主体制定各自的行动策略。

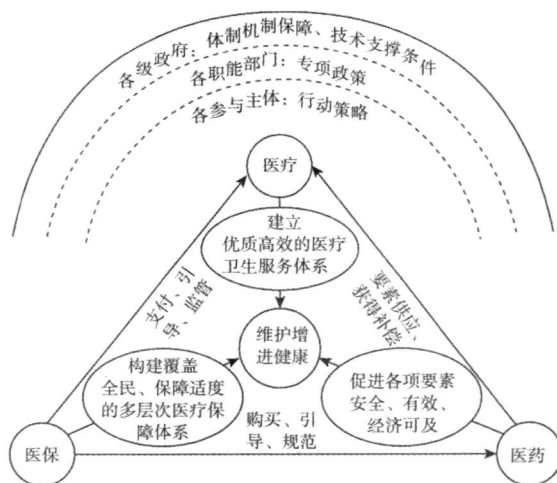

图 1-4　"三医"联动治理体系示意图

资料来源：赵东辉，付晓光.健康治理视角下的"三医"联动：内涵、目标与实现路径分析 [J]. 中国卫生政策研究，2021，14(1):10-16.

以"三医联动"为核心的医改，从供给端（医药）、支付端（医保）以及使用端（医疗）进行联动式改革。相继出台的《"健康中国 2030"规划纲要》《健康中国行动（2019—2030 年）》系列文件、《中华人民共和国国民经济和社会发展第十四个五年规划和 2035 年远景目标纲要》

等一系列重磅政策法规也更加完善了医改的总体框架。"三医联动"的医疗改革进一步推动各级政府调动所有资源促进医疗改革目标实现。图1-5 展示了"三医联动"的政策框架。

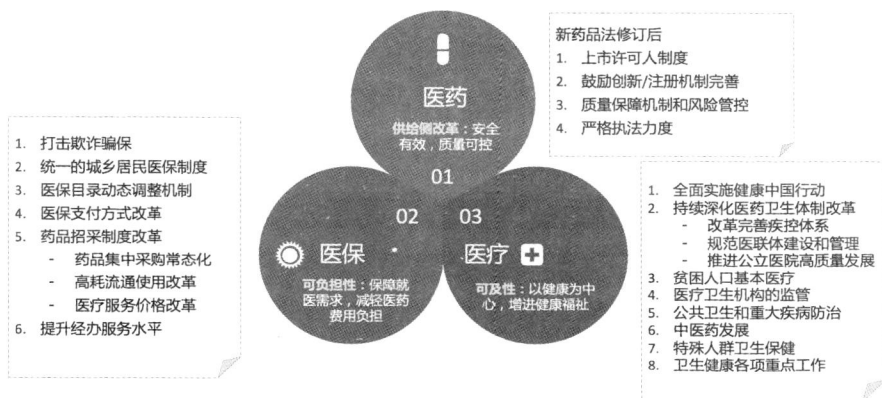

左侧框：
1. 打击欺诈骗保
2. 统一的城乡居民医保制度
3. 医保目录动态调整机制
4. 医保支付方式改革
5. 药品招采制度改革
   - 药品集中采购常态化
   - 高耗流通使用改革
   - 医疗服务价格改革
6. 提升经办服务水平

上方框：
新药品法修订后
1. 上市许可人制度
2. 鼓励创新/注册机制完善
3. 质量保障机制和风险管控
4. 严格执法力度

中心圆图：
医药
供给侧改革：安全有效，质量可控
01
02 03
医保
可负担性：保障就医需求，减轻医药费用负担
医疗
可及性：以健康为中心，增进健康福祉

右侧框：
1. 全面实施健康中国行动
2. 持续深化医药卫生体制改革
   - 改革完善疾控体系
   - 规范医联体建设和管理
   - 推进公立医院高质量发展
3. 贫困人口基本医疗
4. 医疗卫生机构的监管
5. 公共卫生和重大疾病防治
6. 中医药发展
7. 特殊人群卫生保健
8. 卫生健康各项重点工作

图 1-5 "三医联动"的政策框架

数据来源：E 药经理人研究院，2021。

医药方面，新药品法修订后，出台了上市许可人制度、鼓励医药创新和注册机制完善、推动质量保障机制和风险管控、严格执法力度。通过供给侧结构性改革，保证医药（器械）产品的安全有效、质量可控。

医保方面，通过打击欺诈骗保、统一的城乡居民医保制度、医保目录动态调整机制、医保支付方式改革、药品招采制度改革（药品集中采购常态化、高耗流通使用改革、医疗服务价格改革）、提升经办服务水平等多方位措施，以保障就医需求，减轻医药费用负担，达到提高医患可负担性的目的。

医疗方面，遵循全面实施健康中国行动、持续深化医药卫生体制改革（改革完善疾控体系、规范医联体建设和管理、推进公立医院高质量发展）、贫困人口基本医疗、医疗卫生机构的监管、公共卫生和重大疾病防治、中医药发展、特殊人群卫生保健、卫生健康各项重点工作等政策要点，以健康为中心，增进健康福祉，从而提高医疗服务的可及性。

1.3 医疗健康产业的特点及我国市场概况

1.3.1 医疗卫生产业的特点

1. 从"产品"特性看

医疗卫生"产品"有：医疗服务（基本公共医疗服务、其他医疗服务）、药品、器械、疫苗等。

这些"产品"的消费和使用往往不能由消费者独立完成，通常需要医生、护士、药师等专业医疗人员的共同参与。

首先，不同医疗机构所提供的服务，对消费者而言都是有差异的。这种产品的差异性所涵盖的层面相当广，包括医疗机构产权属性（公立或私立）、地理位置、提供的科室服务与技术水准、病房质量及医护人员的配置比率等。此外，医疗服务亦具有产品不能转售（non-retradable）的特性。这是因为医疗机构所提供的服务，都必须有患者直接参与，且服务的内容（诊断或治疗）都是针对每一特定患者的需要，无法转售给他人。同时患者的偏好也具有差异性，即不同的消费者对不同的医院服务属性会有不同的偏好。因此，以患者的观点而言，不同的医疗机构之间并不能完全替代，消费者就医时会选择能使其获得最大效用的医疗机构。

医疗机构服务的差异性、不可转售特性与消费者偏好的差异性这三项特性综合起来，赋予了医疗机构和医务人员市场力量，因而一般经济学文献以"差别产品"的寡占市场来分析医院的行为。

2. 从销售链看

医疗卫生"产品"的销售链也与其他普通产品或者商品不同。B2B（企业到企业）或者 B2C（企业到消费者）是为人们所熟知的销售链形式，医疗卫生"产品"的销售链要更为复杂。医疗卫生"产品"的消费者通常并不具备独立正确选购相应"产品"的能力和资质。比方说，医疗服务和处方药等，通常是 B2B2C（企业到消费者到企业）的模式，即要经过产业端——专业医务人员——消费终端等环节，从产业端到消费终端须由专业医生、护士和药师介入，消费者（患者）才能够得以进行恰当的检查和治疗，才能获知并有资格购买恰当药品、获知如何服用等。

因而在医疗卫生"产品"提供者和患者之间存在着信息不对称，对医疗服务市场产生深远的影响。专业医务人员扮演着双重角色，他们一方面是患者的代理人，提供各项诊断的信息与治疗的建议给患者；另一方面又是实际医疗服务的提供者。相对而言，患者通常对各种治疗方式的潜在效益与风险，所掌握的信息通常比医疗服务提供者少。在医疗服务提供者与患者之间存在信息不对称的情况下，医疗服务提供者的双重角色使其易面临患者利益与自身利益冲突的情况，即医疗服务提供者有可能运用其所享有的信息优势诱发患者需求，以满足自身的利益。医疗支出的增加便成为了直接的后果。为解决供给者诱发需求（supplierinduced demand）现象所带来的医疗支出上涨压力，各国常见的对策主要有两种方式：一是从支付制度的改革着手，借着改变医疗服务提供者的财务诱因，减缓诱发需求的问题；另一种方式则是以管制的方式，直接限制各项医疗服务资源的供给量（例如限制医院的兴建或医疗仪器的购置），根本消除诱发需求的潜在来源。

医疗卫生"产品"也有着多样性和复杂性，对于一些非处方常规药品和器械，消费者也可以跳过专业医疗人士直接购买。

3. 从支付链看

从支付链来看，由于有着"医保"等第三方支付的介入，医疗卫生"产品"的支付体系也比普通商品复杂得多。国家和地方层面制定有基本医疗保险、工伤保险、生育保险等药品目录，包含西药、中成药、中药饮片、医院制剂等。对于医疗机构来说，有着"医保定点医疗机构"等相关规定、相应审核和执行流程等。患者进行医疗卫生"产品"消费时，便有了医保支付、个人自付、其他商业保险支付等组合模式。

由于医疗保险制度的介入，医疗产业展现市场力量的方式与其他产业有着明显的差异。在一般的"差别产品"寡占市场中，厂商所展现的市场力量主要是以价格的决定为主。但在医疗产业，医疗保险所造成的第三方付费方式，使价格的主控权转移到政府或保险厂商手中，医院通常不具有价格的主导能力。因此，医院产业展现市场力量的方式取决于保险人所设定的支付制度方式。在传统的支付制度下，以成本为基础按量计酬，医院之间的竞争以非价格的形态为主。

此外，在保险人与消费者之间也存在信息不对称。在医疗保险市场，因为保险人缺乏足够的信息验证消费者所患疾病的性质与适当的治疗方式，因而形成消费者的道德风险。除过度使用医疗服务之外，道德风险也是消费者不去搜寻市场上最低服务价格的经济诱因。由于医疗保险制度的设计，消费者仅须负担医院服务货币价格的一部分，导致消费者搜寻最低价格所能获得的报酬可能小于搜寻成本，这又进而使得医院之间的竞争倾于非价格的形式。在医院服务市场，患者是否具有自由就医的权利，也会影响到医院产业的竞争形态。

4. 从参与者看

医疗卫生体系的参与者众多、关系复杂。主要参与者有：从中央到地方各级政府（医疗卫生行政主管部门、医疗保障部门、人力资源和社会保障部门等）、各级各类医疗机构（含定点医疗机构）、药品生产和流通部门、各级各类医务工作者、患者等。

随着科技的进步，医疗服务市场涵盖的领域亦日渐扩大，广泛的医疗服务市场往往涵盖各种医疗相关产业，包括传统的医院产业、制药产业及新兴的生物技术产业等。

在医疗卫生服务体系中存在的信息不对称的问题较严重，进而带来的道德风险和逆向选择的问题，如不能妥善解决，最终会造成市场失灵和全社会的福利损失。

医疗、医药产业受政府严格管制，其发展深受政策波动影响。其中，宏观政策影响因素包括医疗卫生管理体制、医疗保险及报销制度、药品价格管理体制以及药品的注册、生产和流通体制等。国家在医疗服务和保险方面投入的增加将直接推动药品市场规模的扩张。根据新医改方案提出的目标，我国将实现新型农村合作医疗制度，建立覆盖城乡居民的基本卫生保健服务体系。此举将分别创造医疗服务需求 400 亿元人民币和 500 亿 ~ 2,900 亿元人民币，以药品收入占 50% 计算，分别增加药品市场规模约 200 亿元人民币和 250 亿 ~ 1,450 亿元人民币。

1.3.2　我国医疗健康产业市场概况

1. 相关宏观数据

（1）国内生产总值（GDP）

2019 年，我国经济稳定运行，实现了"六稳"。GDP 总量达到 99 万亿元，增速为 6.1%；人均 GDP 突破 1 万美元。2020 年，我国经济受到疫情影响，短期下行、总体向好，GDP 总量超过 101 万亿元，全年 GDP 增长 2.3%，成为全球主要经济体中唯一一个实现正增长的国家。2021 年为"十四五"规划开局之年，据国家统计局初步核算，全年 GDP 总额为 114 万亿元，按不变价格计算，比上年增长 8.1%，两年平均增长 5.1%[①]。

随着收入水平的不断提高，人们的消费需求也不断升级，国民对于

---

① 2022 年 1 月 17 日，国家统计局发布 2021 年中国经济数据。http://www.stats.gov.cn/tjsj/zxfb/202201/t20220117_1826404.html.

医疗服务水平和质量、对更广义的健康有了更高的追求。

（2）人口基数及老龄化

我国人口基数大，经历数次生育高峰后人口数量增长较快，近年来随着人口和户籍制度改革，二胎、三胎政策的放开，释放出的人口红利带来了医疗服务需求的扩大。与此同时，人口老龄化问题加剧，整体生育意愿偏低，人们生育观念的转变，城镇化进程加快等，给医药行业带来新的挑战。

根据国家统计局发布的第七次全国人口普查结果，我国人口结构老龄化现象严重，2020 年我国 65 岁及以上人口为 1.91 亿人，占总人口比重达 13.50%。图 1-6 表明，我国人口老龄化程度在过去的近四十年中进一步加深，且有明显加速的趋势。与此同时，与老年人相关的医疗产品和针对老年人的健康服务逐渐成为市场关注的重点。该群体所占的医疗费用增速明显高于我国 GDP 的增长速度。E 药经理人研究院认为，老龄化已成为影响政策制定和实施的重要因素，将进一步对医疗健康保障制度和医保基金管理，以及医疗、医药产品价格控制产生巨大影响。

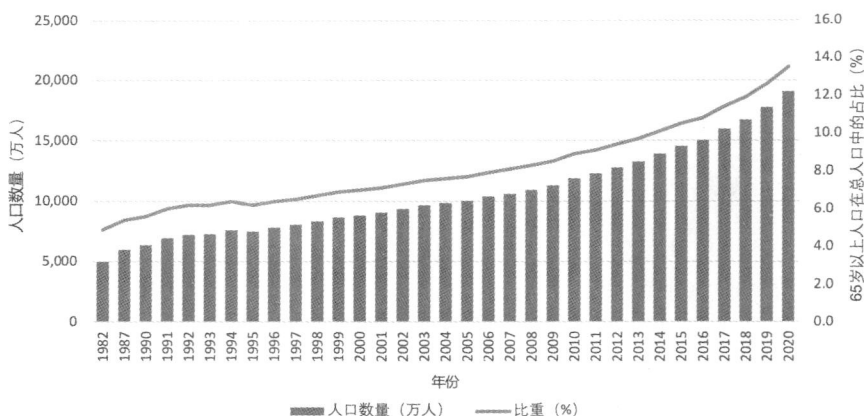

图 1-6　我国 65 岁以上人口数及比重

数据来源：根据国家统计局《2021 年中国统计年鉴》人口数据编制。

（3）健康产业市场规模

我国健康服务产业规模市场潜力巨大，根据 E 药经理人研究院的测算（图 1-7），2020 年我国健康服务产业规模为 8 万亿元，2030 年翻一番达到 16 万亿元。未来 10 年，我国健康服务产业仍将在政策利好的大背景下稳定发展，特别是新冠肺炎疫情的发生进一步促进民众对健康福祉的关注度。

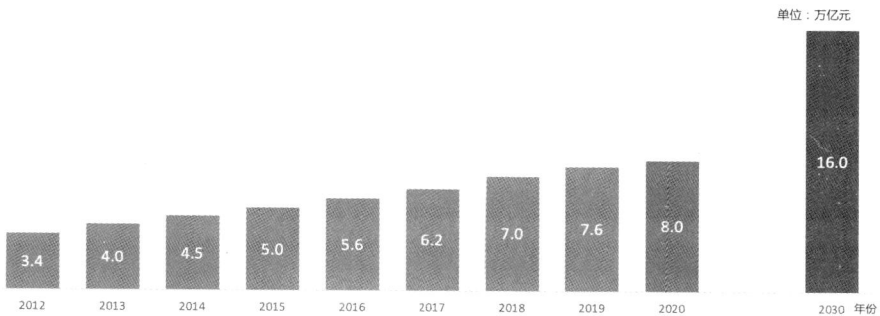

单位：万亿元

2012	2013	2014	2015	2016	2017	2018	2019	2020	2030 年份
3.4	4.0	4.5	5.0	5.6	6.2	7.0	7.6	8.0	16.0

图 1-7　我国医疗健康产业规模和增长

数据来源：E 药经理人研究院根据 Frost & Sullivan 咨询公司的数据分析整理，2021。

2. 医疗服务相关基础数据

（1）卫生总费用

如图 1-8 所示，我国卫生总费用呈稳定增长趋势，显现了国家对医疗卫生民生投入的不断增加。

但与发达国家相比，我国卫生总费用在 GDP 中占比依旧偏低。2017 年我国卫生总费用在 GDP 中占比为 6.4%，而美国为 17.1%，多数欧美发达国家在 10% 以上，全球平均为 10.5%（图 1-9）。

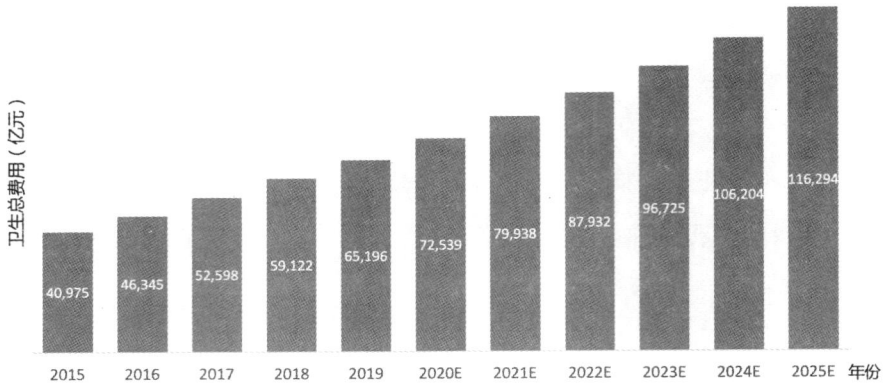

图 1-8 我国卫生总费用

数据来源：E 药经理人研究院根据国家卫生统计公报整理，2021。

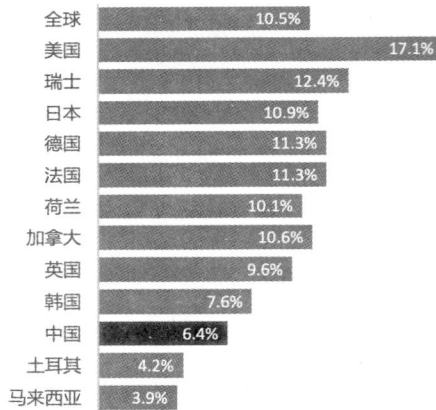

图 1-9 主要国家卫生总费用占 GDP 比例（2017 年）

数据来源：E 药经理人研究院根据国家卫生统计公报整理，2021。

与此同时，如图 1-10 所示，我国卫生总费用中个人支出部分正在逐步降低，新医改的惠民成效逐步体现。

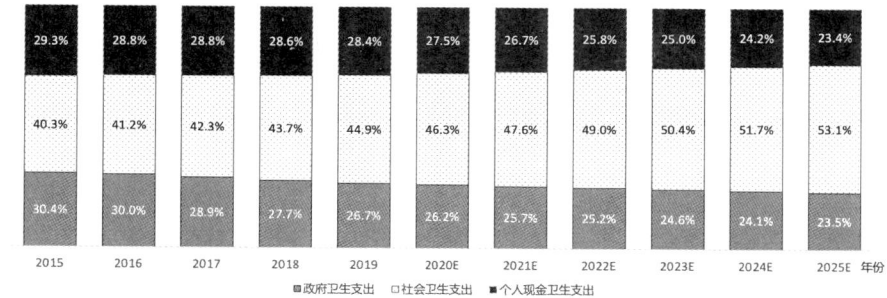

	2015	2016	2017	2018	2019	2020E	2021E	2022E	2023E	2024E	2025E
个人现金卫生支出	29.3%	28.8%	28.8%	28.6%	28.4%	27.5%	26.7%	25.8%	25.0%	24.2%	23.4%
社会卫生支出	40.3%	41.2%	42.3%	43.7%	44.9%	46.3%	47.6%	49.0%	50.4%	51.7%	53.1%
政府卫生支出	30.4%	30.0%	28.9%	27.7%	26.7%	26.2%	25.7%	25.2%	24.6%	24.1%	23.5%

- **政府卫生支出**：各级政府用于医疗卫生服务、医疗保障补助、卫生和医疗保障行政管理、人口与计划生育事务性支出等各项事业的经费。
- **社会卫生支出**：政府支出外的社会各界对卫生事业的资金投入。包括社会医疗保障支出、商业健康保险费、社会办医支出、社会捐赠援助、行政事业性收费收入等。
- **个人现金卫生支出**：城乡居民在接受各类医疗卫生服务时的现金支付，包括享受各种医疗保险制度的居民就医时自付的费用。可分为城镇居民、农村居民个人现金卫生支出，反映城乡居民医疗卫生费用的负担程度。

图 1-10　我国卫生总费用分布变化趋势

数据来源：E 药经理人研究院根据国家卫生统计公报整理，2021。

（2）公立医疗服务体系

随着我国医疗规划和建设日臻完善，城乡二元公立医疗服务网络体系已经形成，医疗基础设施进一步完善。在城市及都市圈，形成了从底部一级医院和社区卫生服务机构，到中部的二级医院，再到顶部的三级医院的金字塔形医疗服务结构体系。其中，一级医院和社区卫生服务机构，规模较小，散布于各大城市社区，为本社区居民诊断治疗简单疾病；二级医院为中等规模医院，通常为本地居民提供针对一些常见疾病诊疗服务；三级医院往往规模较大，且代表了国内最先进的医疗技术应用和疾病治疗，通常集中在人口密度高的大城市。

在县域及农村，重构了从底部村卫生室，到中部的乡镇卫生院，再到顶部县医院的金字塔形医疗服务结构体系。其中，村卫生室是农村最简单的医疗诊治场所，仅针对微小疾病，通常仅有一名村医；乡镇卫生院，在农村"三级预防保健网"中居于中枢地位，与县级卫生机构和村卫生室上联下接、密切配合，为本社区居民诊断治疗简单疾病；县医院为中等规模医院，通常为当地居民针对一些常见疾病提供诊疗服务，其中领先的县医院升级成为三级医院。县医院与下级机构整合联动组成县域医疗服务共同体，即县域医共体；也可与城市公立医院组成紧密医疗联合体（简称"医联体"）（图 1-11）。

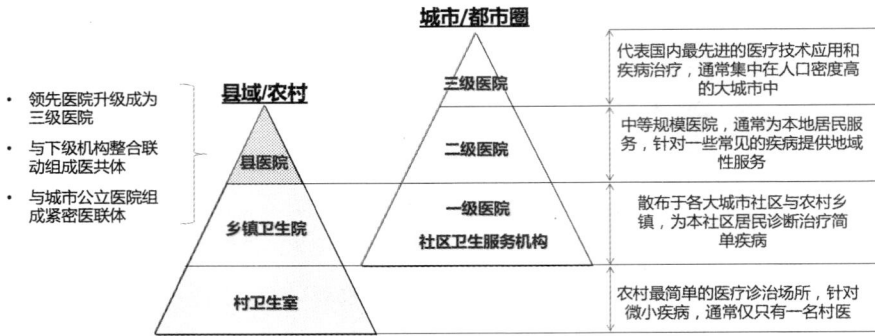

图 1-11 我国医疗基础结构状况

数据来源：E 药经理人研究院，2021。

如此，我国医疗服务已形成了层次分明但不分割、整合联动的综合网络体系。随着近几年开始的医联体建设，医疗机构的整合和集团化速度正在加快。

所谓"医联体"，是以政府主导统筹规划为原则，按照网格化，根据不同医疗机构的功能、定位、级别，然后组建成一个联合体。通过医联体的建设，可以很好地促进人民群众在看病就医过程中实现基层首诊、双向转诊、急慢分治、上下联动的分级诊疗格局。

2017 年 4 月 13 日，《国务院办公厅关于推进医疗联合体建设和发展的指导意见》（以下简称《指导意见》）正式出台。根据该《指导意见》，医联体有四种模式，一是城市医疗集团，二是县域医共体，三是跨区域专科联盟，四是远程医疗协作网。

城市医疗集团，即以一家三级医院为牵头单位，联合若干城市二级医院、康复医院、护理院以及社区卫生服务中心，构建"1+X"医联体，纵向整合医疗资源，形成资源共享、分工协作的管理模式。有条件的地区推行医联体内人、财、物统一管理模式，促使医联体成为目标一致的共同体。不具备条件的，可在医联体内以对口帮扶、技术支持为纽带形成松散型合作，引导优质医疗资源下沉，提升基层医疗服务能力。

县域医共体，重点探索以"县医院为龙头，乡镇卫生院为枢纽，村卫生室为基础"的县乡一体化管理，并与乡村一体化有效衔接，充分发挥县医院的城乡纽带作用和诊疗服务体系功能。

跨区域专科联盟，是根据区域内医疗机构优势专科资源，以一所医疗机构特色专科为主，联合其他医疗机构相同专科技术力量，形成区域内若干特色专科中心，提升解决专科重大疾病的救治能力，形成补位发展模式。横向盘活现有医疗资源，突出专科特色。

远程医疗协作网，是由牵头单位与基层、偏远和欠发达地区医疗机构建立远程医疗服务网络。大力推进面向基层、偏远和欠发达地区的远程医疗服务体系建设，鼓励二级、三级医院向基层医疗卫生机构提供远程医疗服务，提升远程医疗服务能力，利用信息化手段促进医疗资源纵向流动，提高优质医疗资源可及性和医疗服务整体效率。

医联体和分级诊疗制度建设大力促进了医疗机构的整合和患者流的改变（图 1-12）。

（3）公立医疗机构医疗服务量

我国公立医疗机构的医疗服务量过去几年依旧是三级医院占据主导地位，保持其在医疗领域中核心地位，基层医疗机构在日常门急诊占据一定比例。从诊疗量来看（图 1-13），2019 年三级医院达到 20.6 亿人次，占到诊疗总量的 38%；二级医院和乡镇卫生院分别为 13.4 亿和 11.7 亿人次，分别占比为 24% 和 21%；城市社区卫生服务机构和一级医院诊疗量分别为 6.9 亿和 2.3 亿人次和，分别占比为 13% 和 4%。各级医疗服务机构的诊疗量均有不同程度的增长，其中依旧是三级医院增速最快，从

2016 到 2019 年，年复合增长率达到 6%。

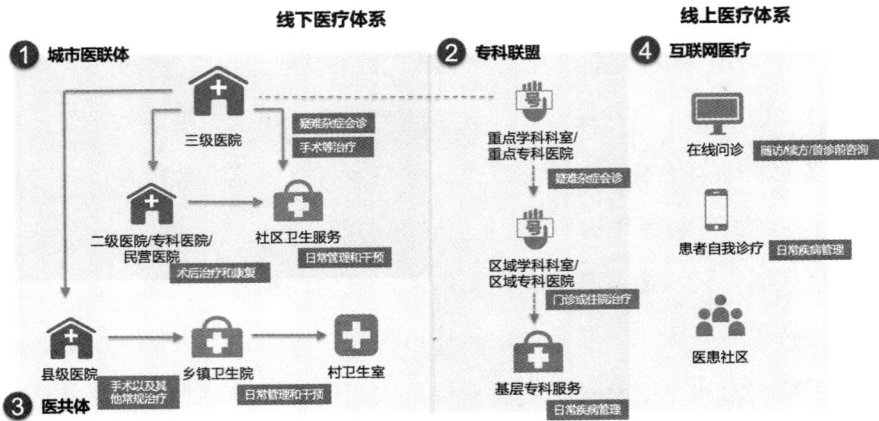

图 1-12　医联体的四种模式

数据来源：E 药经理人研究院根据国家相关政策文件整理，2021。

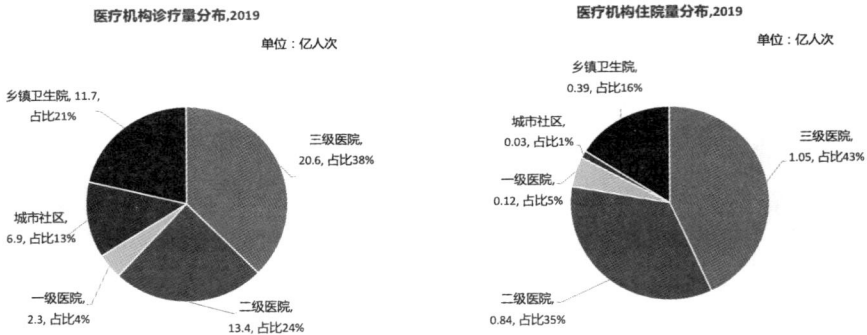

图 1-13　我国公立医疗机构诊疗量和住院量分布（2019 年）

数据来源：E 药经理人研究院根据国家卫生统计公报整理，2021。

从住院量来看，2019 年三级医院达到 1.05 亿人次，占到住院总量的 43%；二级医院住院量为 0.84 亿人次，占比为 35%；乡镇卫生院为 0.39 亿人次，占比为 16%；一级医院和城市社区卫生服务机构住院量分别为 0.12 亿和 0.03 亿人次，分别占比为 5% 和 1%。如图 1-14 所示，各级医疗服务机构的住院量同样也有不同程度的增长，其中仍为三级医院增速最快，从 2016 到 2019 年，年复合增长率高达 8.1%，远超其他类型医疗机构。

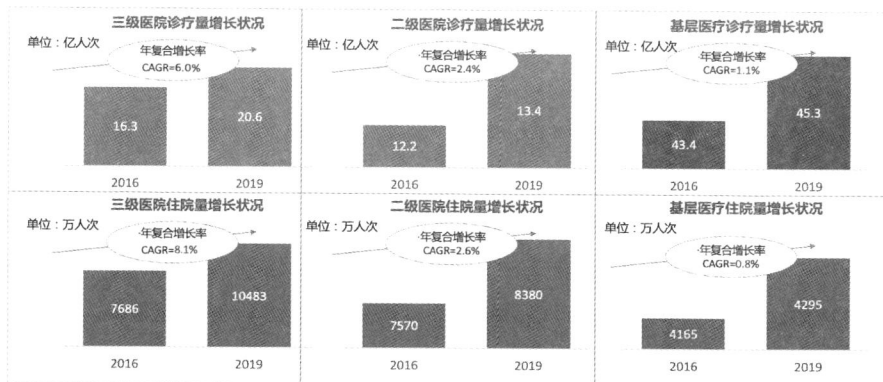

图 1-14　我国公立医疗机构诊疗量和住院量增长状况（2016—2019 年）

注：E 药经理人研究院根据国家卫生统计公报整理，2021。

（4）医疗机构构成

从医疗机构构成来看，从医疗机构的规模、床位数、诊疗量、住院量等指标来看，公立医院依然占据压倒性优势。如图 1-15 所示，从医疗机构数量来看，2019 年私立医院数量为 22,424 家，远超公立医院的 11,930 家，接近公立医院数量的 2 倍；但床位数量，私立医院只为 189.1 万张，公立医院床位数达 497.56 万张，为私立医院的 2.6 倍；从诊疗量和住院量来看，公立医院也占据绝对优势，为私立医院的 5 倍左右。

3. 医疗保障相关数据

（1）我国医疗保障体系总体构成

目前我国已建立起了以基本医疗保险（城镇职工医疗保障和城乡居民医疗保障）、大病保险（城镇职工医疗保障和城乡居民医疗保障）、医疗救助和商业医疗保险的多层次全民医疗保障体系（表 1-1）。

医疗机构诊疗量分布，2019

私立医院
5.7，
占比15%

单位：亿人次

公立医院，
32.7，85%

医疗机构数量分布，2019

单位：家

私立医院，
22,424，
占比65%

公立医院，
11,930，
占比35%

医疗机构住院量分布，2019

私立医院
0.37，
占比17%

单位：亿人次

公立医院，
1.77，
占比83%

医疗机构床位数分布，2019

私立医院
189.1，
占比28%

单位：万张

公立医院，
497.56，
占比72%

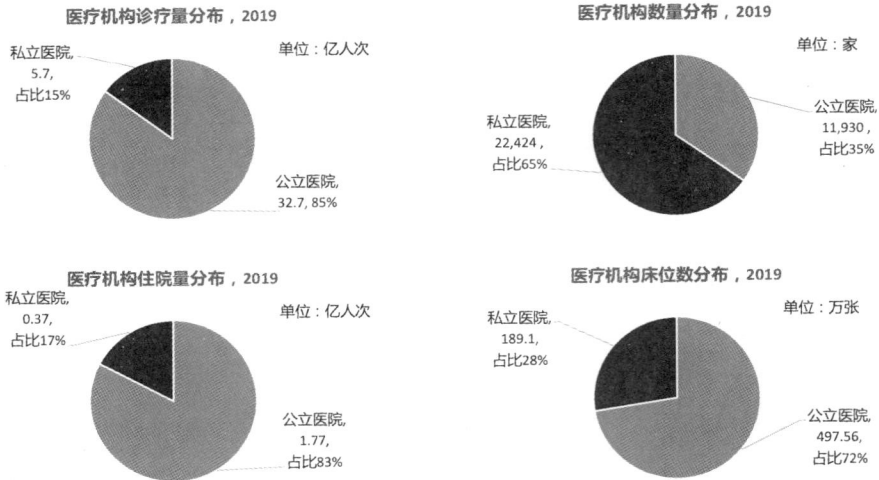

图 1-15　我国公立和私立医疗机构数量、诊疗量住院量和床位数对比（2019 年）

注：E 药经理人研究院根据国家卫生统计公报整理，2021。

表 1-1　我国多层次医疗保障体系

城镇职工	城乡居民	层级	人口覆盖	开支（亿元，2019 年）
城镇职工基本医疗保险	城乡居民基本医疗保险	第一层级：基本医疗保险	约 96%	19,945
城镇职工大病保险	城乡居民大病保险	第二层级：大病保险	约 75%	501*
民政救助，医疗互助以及慈善救助		第三层级：医疗救助	约 5%	502
商业医疗保险		第四层级：商业保险	<10%	2,351

注 *：为 2018 年数据。数据来自 E 药经理人研究院，2021。

多层次全民医保体系有利于提升不同类型疾病患者的负担能力。目前我国医保体系的工作重点是强化基本医疗保险、大病保险与医疗救助三重保障功能，促进各类医疗保障互补衔接，提高重特大疾病和多元医疗需求保障水平；完善和规范居民大病保险、职工大额医疗费用补助、公务员医疗补助及企业补充医疗保险。

（2）医保基金收入和支出稳步增长

来自 E 药经理人研究院的数据表明（图 1-16），总体来看，医保基金的收入和支出均呈稳定上升势头。医保基金收入从 2010 年的 0.55 万亿元增长到 2019 年的 2.34 万亿元，9 年间增长了 3.6 倍；医保基金支出从 2010 年的 0.44 万亿元增长到 2019 年的 1.99 万亿元，增长了 3.5 倍。

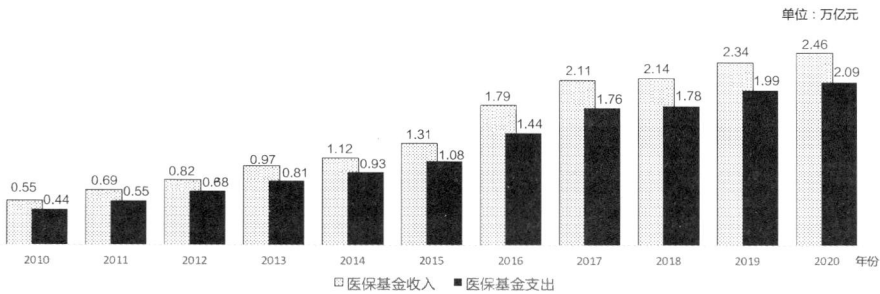

图 1-16　我国医保基金收入和支出对比增长状况（2010—2020 年）

数据来源：E 药经理人研究院根据国家卫生统计公报、卫生统计年鉴整理，2021。

（3）城乡医保分布不平衡

医保基金的收入和支出，从总金额来看比较健康，每年均略有结余，加上个人现金支付等，能够维持医保基金的正常运行。来自 E 药经理人研究院的数据显示，从覆盖面来看，也基本做到了全员覆盖，2020 年，城镇职工医疗保障和城乡居民医疗保障总共覆盖了 13.61 亿人。但从覆盖人群分布来讲却并不均衡，还有很长的路要走，同时也有很大市场提升空间。以 2020 年的数据为例，城镇职工医疗保障的覆盖面仅为 3.44 亿人，占保障总人口的 25%，其基金收入和支出分别为 1.56 万亿元和 1.28 万亿元，分别占保障收支总金额的 63% 和 61%。相对应地，城乡居民医疗保障，覆盖了广大农村人口和未纳入城镇职工医疗保障的城镇人口，共计 10.17 亿人（总覆盖人口的 75%），保障收入和支出却仅占保障收支总金额的

37% 和 39%。而当年的实际医疗费用两者分别为 1.35 万亿元和 1.41 万亿元，数额接近。可见，广大农村人口和未纳入城镇职工医疗保障的城镇人口，在医疗费用上以现金支出的方式承担了相当大的份额。

（4）各地区医保分布不平衡

从医保基本面来看，除了城乡不平衡，各省分布也不平衡，局部的不平衡不充分是当前医保基金所面临的重要挑战。图 1-17 展示了 2018 年各省级行政区之间医保结余的差距。其中广东、上海、浙江、江苏等省（直辖市）医保结余数额较高，结余金额从 2,833 亿元到 1,816 亿元之间不等。这些地区经济发达，且均是劳动力流入"大户"，人员年龄结构中年轻人比重较高。西藏、宁夏和青海等地区医保结余金额最少，分别仅为 93 亿元、102 亿元、122 亿元金额，这些地区经济均欠发达。结余最多的广东的结余金额是结余最少的西藏的 30 倍，地区差异巨大。

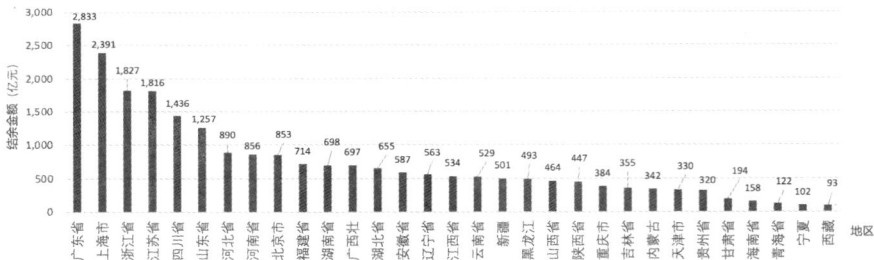

图 1-17　我国各省（直辖市、自治区）医保结余（2018 年）

数据来源：E 药经理人研究院根据国家医保统计整理，2021。

（5）大病保险

城乡居民大病保险，是在基本医疗保障的基础上，对大病患者发生的高额医疗费用给予进一步保障的一项制度性安排，可进一步放大保障效用，是基本医疗保障制度的拓展和延伸，是对基本医疗保障的有益补充。

尽管随着全民医保体系的初步建立，人民群众看病就医有了基本保障，但由于我国的基本医疗保障制度，特别是城镇居民基本医疗保险（通常简称城镇居民医保）、新型农村合作医疗（通常简称新农合）的保障水平还比较低，人民群众对大病医疗费用负担重反映仍较强烈。2012 年，国家发展和改革委员会、卫生部[①]、财政部、人力资源和社会保障部、民政部、保险监督管理委员会等六部委联合制定并下发了《关于开展城乡居民大病保险工作的指导意见》，旨在"减轻人民群众大病医疗费用负担，解决因病致贫、因病返贫问题"；"建立健全多层次医疗保障体系，推进全民医保制度建设"；"推动医保、医疗、医药互联互动，并促进政府主导与市场机制作用相结合，提高基本医疗保障水平和质量"；"进一步体现互助共济，促进社会公平正义"。

大病医保实际支付比例不低于 50%，且按医疗费用高低分段制定支付比例，原则上医疗费用越高支付比例越高，最大限度地减轻个人医疗费用负担。

2017 年 10 月 18 日，习近平总书记在十九大报告中也指出，要完善统一的城乡居民基本医疗保险制度和大病保险制度。

（6）医疗救助保险

2013 年，民政部发布《关于加强医疗救助与慈善事业衔接的指导意见》，要求各地积极探索建立医疗救助与慈善事业的衔接机制，切实解决困难群众医疗难题，充分发挥医疗救助和慈善事业的综合效益。

该《意见》指出，当前，我国医疗保障制度不断完善，多层次的医疗保障体系日益健全，人民群众看病就医有了基本保障。但由于基本医

---

① 2013 年，卫生部和人口计划生育委员会整合为"国家卫生和计划生育委员会（卫计委）"。2018 年 3 月，根据第十三届全国人民代表大会第一次会议批准的国务院机构改革方案，设立中华人民共和国国家卫生健康委员会（卫健委），不再保留卫计委。

疗保障水平相对偏低，当困难群众罹患重特大疾病时，现有的保障水平仍难以从根本上解决其医疗难题，由此导致因病致贫、因病返贫以及无力看病、放弃治疗等民生问题非常突出。各类慈善力量通过动员社会资源，为困难群众提供形式多样的医疗援助，帮助其解决看病就医负担，成为多层次医疗保障体系的重要组成部分。加强医疗救助与慈善事业的有序衔接，形成协同合作、资源统筹、相互补充、各有侧重的机制，是促进医疗救助和慈善事业发展的重要方面，也是保障和改善基本民生的迫切需要。

（7）商业医疗保险

近年来，我国商业保险医疗有了长足的进展。图 1-18 展示了 2013—2019 年的我国健康险收入和支出，期间健康业务保费收入和赔付的年化复合增长率分别为 36% 和 34%。

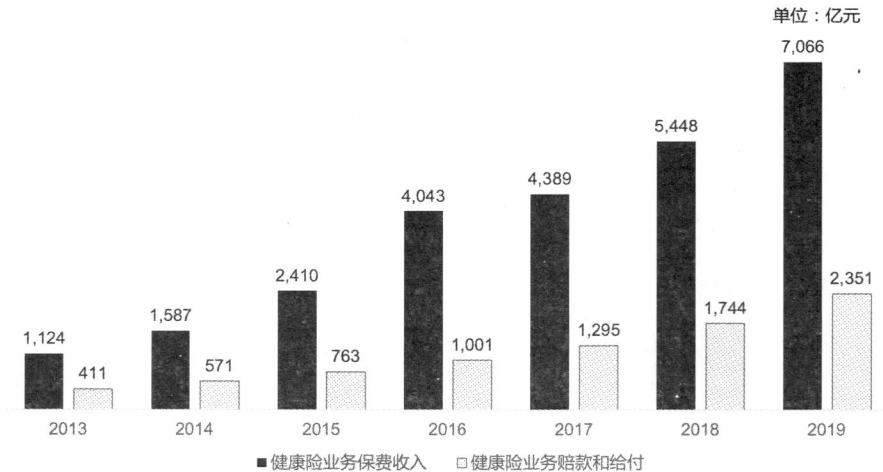

单位：亿元

图 1-18　我国健康险发展状况

数据来源：E 药经理人研究院根据中国银行保险监督管理委员会数据整理，2021。

由图 1-18 还可以看出，我国商业健康保险的赔付率不高，或者说商业健康保险的毛利率较高。通过查阅文献得知，1999—2009 年间，我国商业保险的毛利率为 45% ~ 72%，而满足异质需求的保单业务的盈利水平更高。这反映出两种可能，一是我国商业保险公司过分追求利润，不愿涉足利润较低的险种市场，所获高回报并非健康保险市场所应得，而是源自垄断甚至基于牺牲市场未来发展的不良因素，并不可持续。二是我国商业保险公司在商业健康险方面的管理，运营成本过高导致纯利润减少。若究其理论根源，是由于在商业医疗保险市场中普遍存在信息不对称现象。由于保险公司与投保人或被保险人存在事前信息不对称，即逆向选择，保险公司对潜在的被保险人的健康状况不够了解，保险公司只能根据被保险人的平均健康状况收取保险费，因而健康状况较差的潜在被保险人将倾向于投保，那些身体健康状况较好的潜在被保险人则会因为认为保险公司收取的保费偏高而退出保险市场，进而导致保险公司业务质量降低，从而提高保险费……如此循环往复。此外，还存在事后信息不对称，即道德风险行为，投保人（被保险人）、医疗机构或其有关人员不诚实、不正直、不负责任，如隐瞒病史、带病投保、不履行如实告知义务；故意捏造保险事故、伪造证据骗取保险赔偿；医患双方互相勾结"小病大治"等。

相较于社会保险，从金额上讲，目前商业保险支出仍远小于社会保险（城镇职工基本医疗保险和城乡居民基本医疗保险），以 2019 年为例，商业保险支出为 2,351 亿元，而社会保险为 19,945 亿元（图 1-19）。

但从发展趋势来看，商业保险从数量和种类方面都有着非常大的发展空间。根据麦肯锡咨询公司的研究报告，我国商业医疗保险在医药支付中所占比重逐年增加，2019 年为 7%（390 亿美元）；新冠肺炎疫情后这一比重将进一步增长，即在更宽松的监管环境和税收激励政策的支持下，2019—2025 年有望实现 29% 的复合增长率，2025 年商业医疗保险支出将达到 1,760 亿美元，占比将增至 18%（图 1-20）。

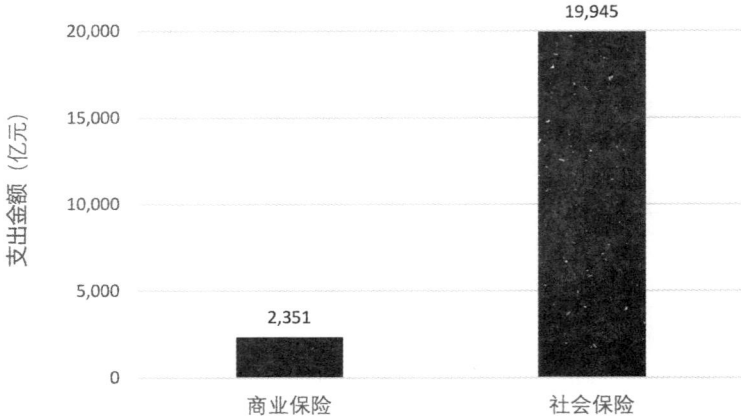

图 1-19　我国医疗保险支出状况（2019 年）

数据来源：E 药经理人研究院根据中国银行保险监督管理委员会数据整理，2021。

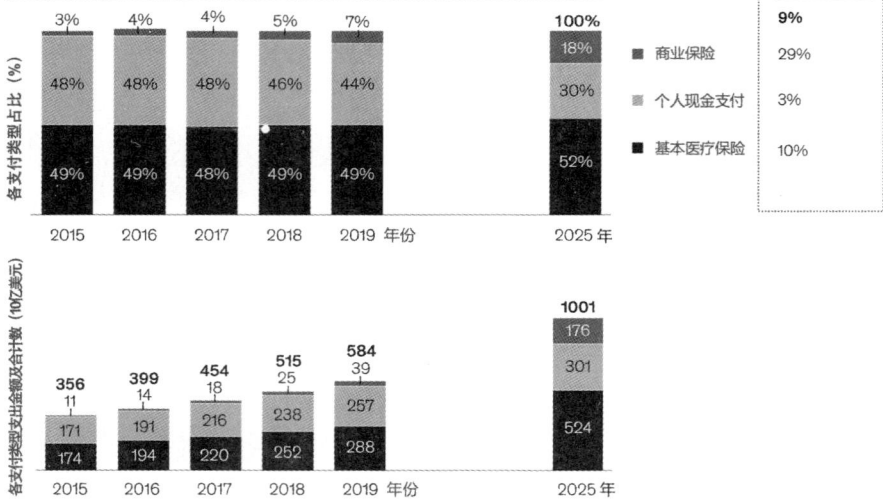

图 1-20　我国商业医疗保险支出比重迅速增长

数据来源：麦肯锡咨询公司根据卫健委、相关媒体报道数据分析整理，2020。

4. 医药市场相关数据

（1）我国医药产业概况

医药行业是我国国民经济的重要组成部分，是传统产业和现代产业（包括现代服务业）相结合，一、二、三产业为一体的产业。其主要门类包括：化学原料药及制剂、中药材、中药饮片、中成药、抗生素、生物制品、生化药品、放射性药品、医疗器械、卫生材料、制药机械、药用包装材料及医药商业。医药行业对于保护和增进人民健康、提高生活质量，以及促进经济发展等，起着十分重要的作用。

随着我国经济的持续发展，人们对自身健康重视程度的不断提高和人口老龄化趋势日益明显，国民对医药产品的需求逐步扩大，医药产业作为国民经济的重要组成部分，长期以来，一直保持较快增速。同时也得益于医药科技领域的创新和发展，未来几年医药行业将保持持续的增长。预计到 2023 年，我国医药市场规模将超过 45,000 亿元。

目前，我国药企企业数量依然众多（表 1-2），产业集中度有待进一步提高。截至 2020 年末，全国已有药品批发企业 1.31 万家，药品零售连锁企业 6,298 家，零售药店门店达 55.39 万家，但是即便是规模最大的连锁药店所占全国总体市场份额也不足 2%，而美国前三家连锁药店就占据了超过 85% 的美国市场。从药品生产到交付，经过纷繁的多层级、碎片化环节，耗费了大量的成本和时间。

长期以来，我国医药行业缺乏大型龙头企业，主要呈现多、小、散、乱等企业布局。从而限于医药技术，仅能自主生产常规中低档医疗器械产品，而临床上所需高、精、尖医疗器械设备则大多需要进口。从医药产品进出口结构角度来看，我国出口的是价格偏低的常规手术器械、卫生材料、中药材及附加值较低的化学原料等，而昂贵的制剂及大型、高档医疗设备等进口比重较高，我国高新技术生产的医药器械及药品出口比重较低。

表 1-2　我国医药行业企业数量和状况

企业类型	企业数量（家）
药品原料和制剂企业	4,529*
药品批发企业	约 13,100**
药品连锁企业	6,298**
药店	约 553,900**
药品连锁企业下辖门店	约 312,900**
零售单体药店	约 241,000**
Ⅰ类医疗器械企业	8,232
Ⅱ类医疗器械企业	10,033
Ⅲ类医疗器械企业	1,977
医疗器械经营企业	约 593,000

数据来源：*2021 年该数据为超过 6,000 家，数据来自 2021 中国医药健康资本论坛上"1 药网"的联合创始人及执行董事长于刚的主旨演讲。**数据来自商务部《2020 年药品流通行业运行统计分析报告》。其余为 2019 年数据，来自 E 药经理人研究院。

此外，"散兵游勇"也致使新药研发创新能力不够。我国医药行业以高新技术为中心的创新体系尚未成熟，医药科技投入不足，因而药物大多仿制国外，具有我国自主知识产权的新产品较少。

2016 年以来，我国医药行业政策频出，国务院、国家卫生与计划生育委员会①、国家食品药品监督管理总局等部门相继颁布多条政策法规，一致性评价、药品上市许可持有人制度、药物临床试验数据核查等政策加速行业优胜劣汰；医疗、医保、医药联动，加速医疗改革；行业格局将加速重塑，中医药政策颁布，弘扬中医文化。在医疗改革政策的推动下，我国医药产业的发展正步入规范的快车道。

---

① 2018 年 3 月，根据第十三届全国人民代表大会第一次会议批准的国务院机构改革方案，设立中华人民共和国国家卫生健康委员会（卫健委），不再保留国家卫生和计划生育委员会（卫计委）。

用发展的眼光来看，我国医药行业正在逐步整合。产业信息网研究报告对比了 2009、2014、2019 年的情况发现，大市值公司数量和占比均呈现稳步上升的趋势。2009 年，市值小于 100 亿元的医药公司近 120 家，在所有医药公司中的占比接近 90%；市值为 100 ～ 300 亿元的公司仅有十余家，约占 10%；市值超过 300 亿元的公司很少。2014 年，市值小于 100 亿元的医药公司增至约 150 家，但在所有医药公司中的占比降至略高于 70%；市值为 100 ～ 300 亿元的公司数量迅速增至约 50 家，占比也大幅增加至接近 25%；市值为 300 ～ 500 亿元的公司的数量也有增加，占比也增至约 2%；出现了很少量的市值超过 500 亿元的公司。2019 年，市值小于 100 亿元的医药公司增至 200 多家，在所有医药公司中的占比进一步降至 70% 以下；市值为 100 ～ 300 亿元的公司数量有所增加，占比与 2014 年相比变化不大；市值为 300 ～ 500 亿元的公司数量也有增加，占比略有提高；出现了少量的市值超过 500 亿元甚至 1000 亿元的公司。

疫情之后，我国医药健康产业整体格局仍在重塑中。在 1 药网联合创始人于刚看来，整个医药健康产业最重要的发展驱动力仍是科技，涵盖互联网科技、云服务、可穿戴设备、大数据四个方面。

（2）医药工业

医药工业是指生产各类药品和医疗器械的工业部门。医药工业经济是以医药生产和销售为核心的轻工业经济。医药属于重要社会物资，医药工业经济在社会发展中的整体作用越发重要。

从医药工业经济运行情况来看，近年来行业承压明显，增长放缓，内部结构调整趋势显现。根据 E 药经理人研究院的数据（图 1-21），规模以上工业企业的营业利润增长率，从 2017 和 2018 年的 12.2% 和 12.6%，降到 2019 年的 8%；利润增长率也从 2017 年的 16.6% 降到 2018 年的 11.0%，再降至 2019 年的 7%。

营业收入：26,147亿元

营业收入增长率

2019年	8.0%
2018年	12.6%
2017年	12.2%

利润：3,457亿元

利润增长率

2019年	7.0%
2018年	11.0%
2017年	16.6%

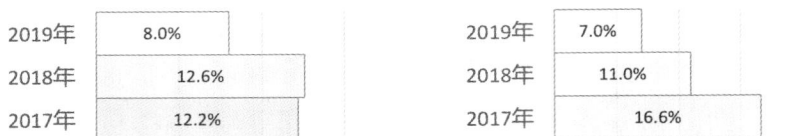

图 1-21　我国规模以上工业企业业绩表现

数据来源：E 药经理人研究院根据工信部统计数据整理，2021。

图 1-22 显示了具体子行业 2018—2019 年营业收入的数额，除了中药饮片的营业收入下降了 91 亿元（降幅为 4.50%）外，其他子行业实现了小幅增长。

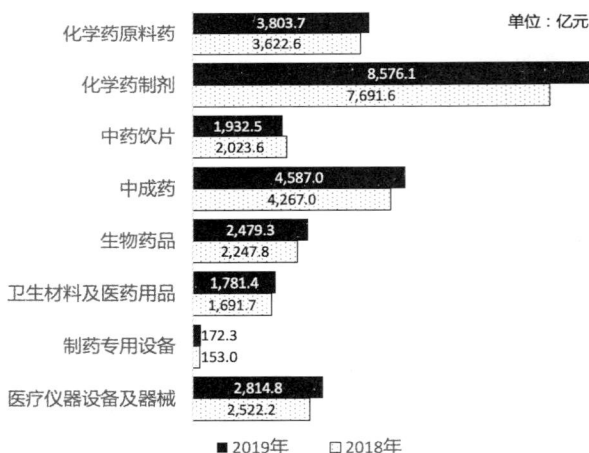

单位：亿元

	2019年	2018年
化学药原料药	3,803.7	3,622.6
化学药制剂	8,576.1	7,691.6
中药饮片	1,932.5	2,023.6
中成药	4,587.0	4,267.0
生物药品	2,479.3	2,247.8
卫生材料及医药用品	1,781.4	1,691.7
制药专用设备	172.3	153.0
医疗仪器设备及器械	2,814.8	2,522.2

■ 2019年　□ 2018年

图 1-22　我国医药产业各子行业营业利润

数据来源：E 药经理人研究院根据工信部统计数据整理，2021。

2020 年上半年，面对新冠肺炎疫情带来的严峻考验和复杂多变的国内外环境，我国医药工业经济稳步复苏，主要指标呈现恢复性增长。其中，营业收入、利润总额和出口交货值三项指标的增速分别为 0.2%、9.1% 和 31.9%。固定资产投资累计同比增速平稳回暖，出口贸易结构持续优化，呈现向好态势。

（3）药品流通业

近年来，随着我国经济增长和生活水平不断提高，全社会医药健康服务需求不断增长，医药消费端需求推动了医药流通端的市场扩容。商务部发布的《2020 年药品流通行业运行统计分析报告》显示，随着医药卫生体制改革不断深化，药品流通行业加快转型升级步伐，行业销售总额稳中有升，持续保持稳中向好态势。2020 年全国七大类医药商品销售总额达 24,149 亿元，扣除不可比因素同比增长 2.4%，增速同比放慢 6.2个百分点；其中，药品零售市场 5,119 亿元，扣除不可比因素同比增长10.1%，增速同比加快 0.2 个百分点（图 1-23）。

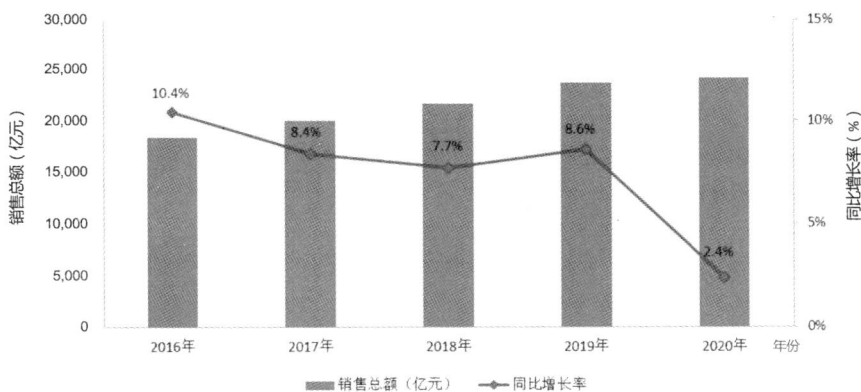

图 1-23　我国药品流通行业销售趋势（2016—2020 年）

注：数据来自商务部《2020 年药品流通行业运行统计分析报告》。

同时，国家按照现代化思路对医药流通行业的经营格局进行了深层次的变革，使得我国医药流通行业更加趋于成熟，已经形成规模化产业，增长稳定，集约化程度继续提高，行业集中度也逐步提高。

如表 1-3 所示，从市场占有率看，2020 年药品批发企业主营业务收入前 100 位占同期全国医药市场总规模的 73.7%，同比提高 0.4 个百分点。

其中，四家全国龙头企业（国药、上药、华润、九州通）主营业务收入占同期全国医药市场总规模的 42.6%，同比提高 1.6 个百分点；前 10 位占 55.2%，同比提高 3.2 个百分点；前 20 位占 63.5%，同比提高 2.0 个百分点；前 50 位占 70.0%，同比提高 0.9 个百分点。

表 1-3　全国药品批发百强企业主营业务收入及市场占有率统计表（2016—2020 年）

统计指标	2016 年	2017 年	2018 年	2019 年	2020 年
主营业务收入 / 亿元	11,147	12,088	13,388	15,355	15,742
占全国医药市场比例 /%	70.9	70.7	72.0	73.3	73.7

注：数据来自：商务部《2020 年药品流通行业运行统计分析报告》。

我国医药流通行业在销售额的地域分布上集中度也较高，如图 1-24 所示，2020 年全国六大区域销售额占全国销售总额的比重分别为：华东 36.1%，中南 27.0%，华北 15.2%，西南 13.3%，东北 4.4%，西北 4.0%。其中，华东、中南、华北三大区域销售额占到全国销售总额的 78.3%，同

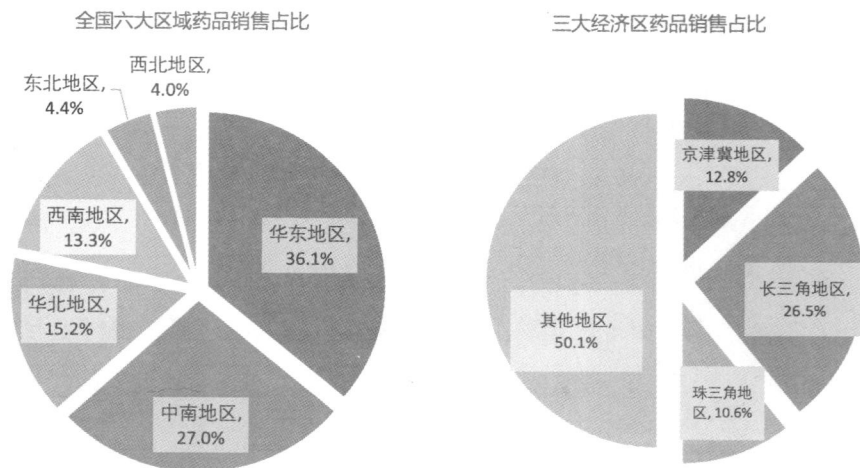

图 1-24　我国药品流通行业销售额的地域分布（2020 年）

数据来源：商务部《2020 年药品流通行业运行统计分析报告》。

比上升 0.1 个百分点。京津冀、长江三角洲和珠江三角洲三大经济区药品销售额占全国销售总额的比重分别为：12.8%，26.5% 和 10.6%，合计占全国销售总额的 49.9%。

从销售品类来看（图 1-25），西药类销售居主导地位，2020 年西药类销售额占七大类医药商品销售总额的 71.5%，其次中成药类占 14.1%，中药材类占 2.3%，以上三类占比合计为 87.9%。医疗器材类占 7.4%，化学试剂类占 0.7%，玻璃仪器类占比不足 0.1%，其他类占 4.0%。

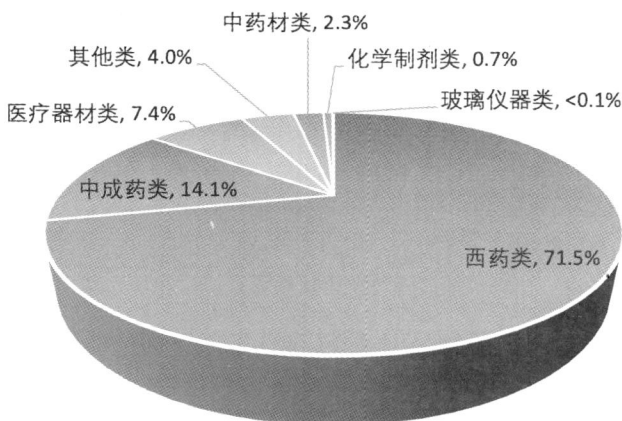

图 1-25　我国医药全行业销售品类结构（2020 年）

数据来源：商务部《2020 年药品流通行业运行统计分析报告》。

从销售渠道来看，2020 年对医疗机构终端销售额 11,851 亿元，占销售总额的 49.0%（由于 2020 年医疗卫生机构诊疗人次的下降，销售占比比上年略有下降）；对零售终端的销售额为 5,228 亿元，占销售总额的 21.6%；对批发企业销售额 6,881 亿元，占销售总额的 28.5%；对生产企业销售额 121 亿元，占销售总额的 0.5%；直接出口销售额 68 亿元，占销售总额的 0.3%。图 1-26 展示了 2016—2020 年间药品流通行业销售渠道的占比情况，自 2016 年以来，对批发企业销售的比重逐年下降，且幅度较大；而对终端的销售比重逐年增加，有助于减少流通环节，节约流通成本。

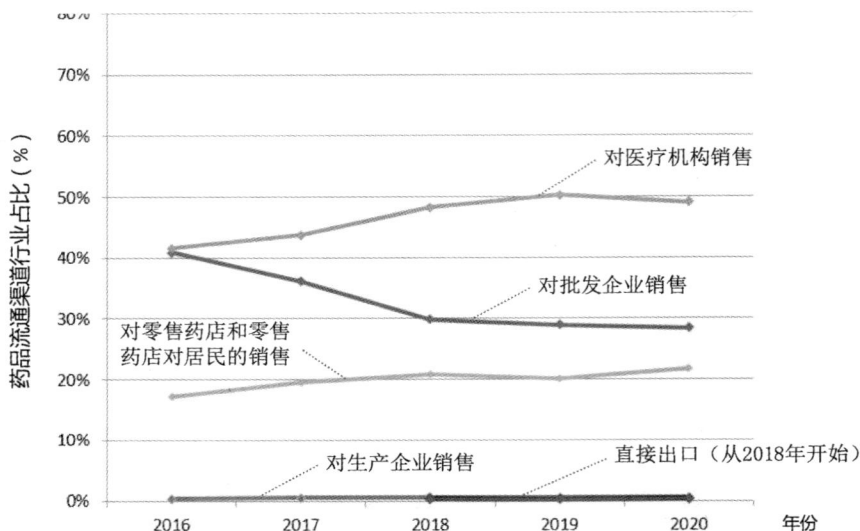

图 1-26　我国药品流通行业销售渠道占比（2016—2020 年）

数据来源：商务部《2020 年药品流通行业运行统计分析报告》。

（4）医药市场规模与市场细分

我国医药市场整体上保持了中低速的增长态势，如图 1-27 所示，2015—2020 年间我国医药市场复合增长率为 4.5%，预计 2020—2025 年的复合增长率为 5.6%，可以保持略高于 GDP 的增长水平。

药品销售终端可分为公立医院、零售药店、公立基层医疗三大类，其中公立医院主要有城市公立医院市场和县级公立医院市场；零售药店主要包含实体药店市场和网上药店市场；公立基层医疗主要是城市社区卫生中心／站市场和乡镇卫生院市场（图 1-28）。

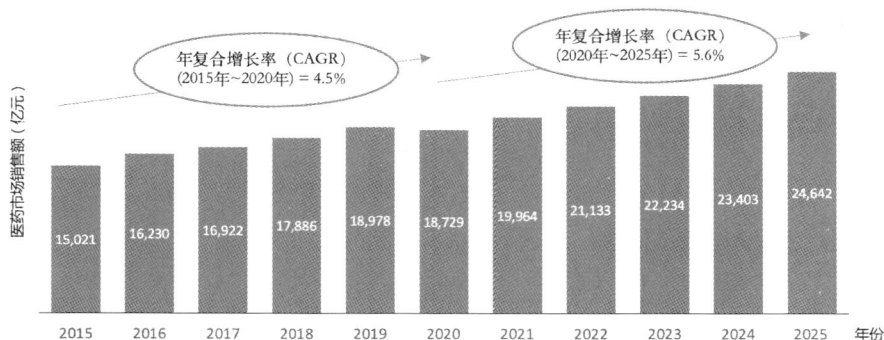

图 1-27 我国医药市场规模状况

数据来源：E 药经理人研究院，2021。

	大致销售规模，2019年
第一终端：医院市场	城市医院 9,000亿元
	县级医院 4,400亿元
第二终端：药店市场	3,900亿元
第三终端：基层市场	城市社区 800亿元
	卫生院 800亿元

图 1-28 我国医药销售终端市场细分

数据来源：E 药经理人研究院，2021。

医药卫生体制改革给各医药细分市场带来了不同程度的影响，具体分析如下。

第一终端医院市场中的城市医院，目前市场份额最大，约有 9,000 亿元的规模（2019 年），是医药行业传统市场，也是市场核心和主要控费地区，受带量采购和医保政策影响大，增长潜力受到较大限制。

第一终端医院市场中的县级医院，约有 4,400 亿元的规模（2019 年），是新兴市场，近年来增长较明显，虽然受当地居民医保筹资能力影响，但增长潜力较大。

第二终端的零售药店市场，市场规模约为 3,900 亿元（2019 年），随着公立医院药品处方外流以及医药电商发展而迎来新的机遇，具有一定增长潜力。具体来说，随着医药卫生体系改革的推进和患者消费习惯的改变，零售市场将进一步分化，出现新的零售药店的类型并不断发展。除了传统零售药店，还会有 DTP 药店（即 Direct to Patient，"直接面向患者"）。患者在医院开取处方后，药房根据处方以患者或家属指定的时间和地点送药上门，并且关心和追踪患者的用药进展，提供用药咨询等专业服务）、医院合作药店、电商平台、医改合作项目、移动医疗等。

第三终端基层市场的城市社区医疗机构，目前市场份额较小，仅为800 亿元（2019 年），但受益于医改中的分级诊疗以及医联体的建设，有望刺激其增长并多样化发展，并拥有处方下沉机会，具有较大增长潜力。

第三终端基层市场的农村卫生院，目前市场份额较小，仅为 800 亿元（2019 年），但医药销售将随着农村地区支付能力的提升而增长，具有一定增长潜力。

从来自 E 药经理人研究院的细分市场的数据来看（图 1-29），医院市场、零售药店、基层市场的医药销售额均逐年增长，这三个子市场 2015—2019 年的复合增长率分别为 4.7%，9.4% 和 11.0%，即医院市场增长最慢，而基层市场增长最快。随着医药卫生体系改革的不断深入，2019—2025 年，三个子市场的增速均有所放缓，医院市场仅为 2.7%，而基层市场为 9.5%，零售药店为 7.7%。

图 1-29　我国医药市场主要细分市场分布（2015—2025 年）

数据来源：E 药经理人研究院，2021。

对于医院市场，面对市场挑战，内部治疗领域的结构性调整将因公立医院定位问题而明显调整。如图 1-30 所示，从我国医疗机构按治疗领域划分的用药市场数据中可以看出，肿瘤免疫领域内新药层出不穷，为医院市场增长带来了明显动力，而中成药因重点监控问题，医用溶液因限制输液等因素，增长疲软。

（5）电商时代医药新业态

医药电子商务是指作为医药研发、生产、流通、使用的各方通过互联网进行与药品相关的商务活动的过程。药品电子商务既包括药品生产企业和经营企业的商务活动、网上药品零售业和消费者的买卖行为，也包括药品商业企业与医疗机构利用互联网进行的药品购销商务活动。

医药电商属于医药流通环节，医药电商平台将线下售药延伸到线上，连接药企、医院、零售药店和终端患者。医药电商产业链的上游为医药制造。医药制造具体细分为生物药品制造、化学药品制造、中药制品制造、兽用药品制造、基因工程药物制造及疫苗制造和其他药品制造等；中游为医药电商本行业，主要通过 B2B、B2C、O2O 等商业模式（图 1-31）进行线上药物售卖；下游是终端患者。

销售额（亿元）

中成药 抗感染药 消化道和代谢 抗肿瘤药及免疫调节剂 心血管 神经系统 医用溶液 血液 呼吸系统 肌药、骨骼 其他

■2016年 ▤2017年 ▨2018年 □2019年

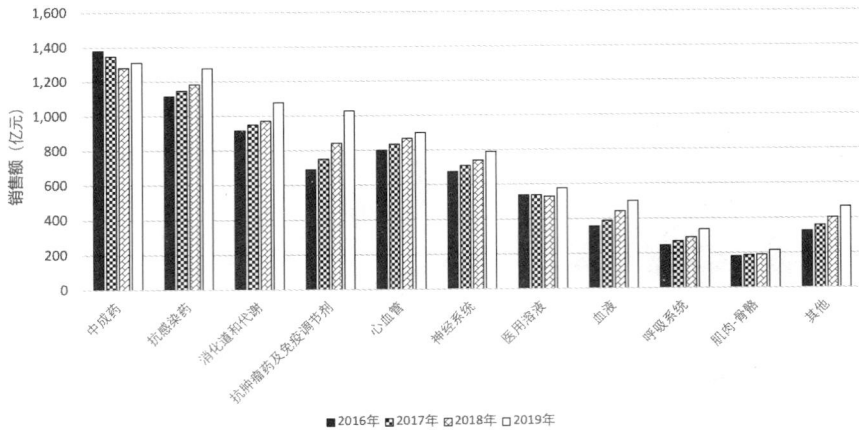

图 1-30　我国医疗机构按治疗领域划分的用药市场（2016—2019 年）

数据来源：E 药经理人研究院，2021。

B2B	B2C	O2O
企业自建综合性商务，在线订货、付款线下实施配送	经营企业直接面对最终消费者	依托"互联网+"平台，连接产业供给侧和需求侧
企业通过这个平台可直接面对中国中小型经销商、连锁型骨干型单体药店、诊所等，即现代化的医药分销，完成了医疗机构与药企之间的信息对接	买方通过这个企业平台可在线比较同一种药品不同厂家的价格，使消费者扩大选择种类	实现线上线下有机融合的商业模式，将药品实现区域内专业化的即时配送，解决消费者的急需

图 1-31　我国医药电商主要模式

数据来源：艾媒咨询，2019。

　　由图 1-32 可见，2019 年医药 B2B 和 B2C 电商的费率分别为 12.2% 和 18.5%，相较于零售药店 24.4% 的费率具有明显优势；2020 年 B2B 和 B2C 电商的费率分别降至 7.3% 和 16.3%。

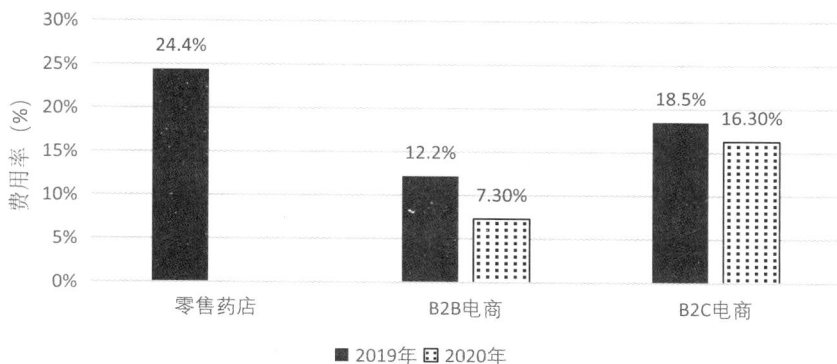

图 1-32　不同类型业务费用率对照

数据来源：根据 E 药经理人研究院和商务部《2020 年药品流通行业运行统计分析报告》数据编制。

　　根据商务部的《2020 年药品流通行业运行统计分析报告》，2020 年医药电商直报企业销售总额达 1,778 亿元［含第三方交易服务平台（O2O）交易额］，占同期全国医药市场总规模的 7.4%（图 1-33）。其中，O2O 业务销售额为 708 亿元，占医药电商销售总额的 39.8%，B2B 业务销售额为 1,003 亿元，占医药电商销售总额的 56.4%；B2C 业务销售额为 67 亿元，占医药电商销售总额的 3.8%。第三方交易服务平台业务中移动端占 47.6%，B2B 业务中移动端占 11.9%，B2C 业务中移动端占 72.9%。订单总数 11,166 万笔，其中第三方交易服务平台订单数 3,866 万笔，订单转化率 97.9%；B2B 订单数 2,767 万笔，订单转化率 96.0%；B2C 订单数

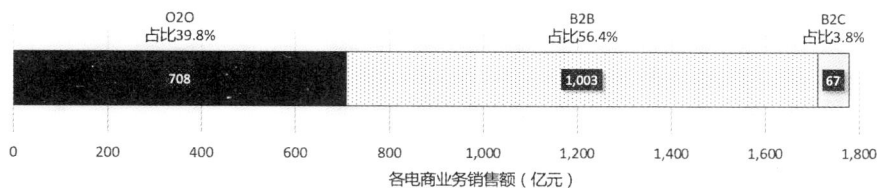

图 1-33　我国医药电商业务主要构成（2020 年）

数据来源：根据商务部《2020 年药品流通行业运行统计分析报告》数据编制。

4,533 万笔，订单转化率 96.2%。第三方交易服务平台网站活跃用户量 51
万；B2B 网站活跃用户量 59 万；B2C 网站活跃用户量 4,953 万，平均客
单价 229 元，平均客品数约 11 个。B2B 日出库完成率 97.0%，B2C 日出
库完成率 99.4%。

由图 1-34 可见，B2B 与 B2C 销售结构差异较为明显，B2B 业务主要
集中在西药类，其次是中成药；而 B2C 业务主要集中在西药类、医疗器
材类，然后是其他。

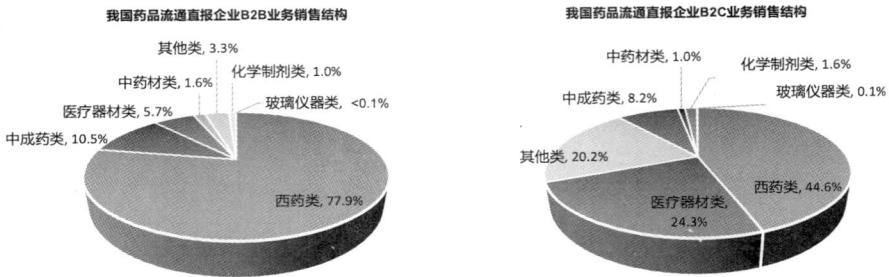

图 1-34　我国药品流通直报企业 B2B 和 B2C 业务销售结构（2020 年）

数据来源：商务部《2020 年药品流通行业运行统计分析报告》。

（6）新冠肺炎疫情影响

新冠肺炎疫情与医药产业直接关联，对其产生了重大的影响。对于
医疗，疫情期间大量医疗资源被抽调用于抗疫前线，尤其在抗疫初期，
临床诊疗供给量不足；防疫需要造成部分门急诊关闭和交通困难，造成
诊疗量下降。对于医保，疫情使得政府财政收入减少；部分企业四金缓征，
导致医保基金现金流压力大幅度增加；医保基金需要承担更多抗疫相关
支出。对于医药，疫情使得防疫相关产品销售大幅度增长；由于交通不
便就医量减少、医疗机构诊疗行为减少、人际交流减少等原因，导致医
院渠道的药品销售被抑制。

来自 E 药经理人研究院的数据显示，2020 年 1—4 月医院的诊疗量与

2019 年同比下降 26.1%，2020 年第一季度医院的诊疗量医药在医院市场的销售额与 2019 年同比下降 21.6%（图 1-35）。

医疗机构表现

2020年1-4月医院诊疗量变化（万人次）

−26.1%

27.5

20.3

2019年1-4月   2020年1-4月 年份

医药市场表现

2020年第一季度医院市场销售状况（亿元）

−21.6%

1,928

1,630

2019年第一季度   2020年第一季度 年份

图 1-35 新冠肺炎疫情对我国医疗机构和医药市场的影响

数据来源：E 药经理人研究院根据中国医药商业协会工信部统计数据整理，2021。

新冠肺炎疫情后续对健康产业以及其他相关产业还会产生更加深远的影响。

1.4 医药企业的市场机遇

当我们进入新医改时代，当健康中国上升为国家战略，健康产业甚至其他相关产业的"游戏规则"发生重大改变，市场发生重大变化时，医药企业家们大呼"高毛利不存在了""传统产品守不住了"，出路到底在哪里呢？

1.4.1 医药

1. 创新药

自 2015 年药品审评审批制度改革以来，创新药迎来了难得的战略机遇期。《"健康中国 2030"规划纲要》指出："加强专利药、中药新药、新型制剂、高端医疗器械等创新能力建设""推动重大药物产业化，加快医疗器械转型升级，提高具有自主知识产权的医学诊疗设备、医用材料的国际竞争力"。为促进药品医疗器械产业结构调整和技术创新，提高产业竞争力，2017 年出台的《关于深化审评审批制度改革鼓励药品医疗器械创新的意见》对于深化审评审批制度改革鼓励药品医疗器械创新，提出改革临床试验管理、加快上市审评审批、促进药品创新和仿制药发展、加强药品医疗器械全生命周期管理、提升技术支撑能力等具体意见。故而，企业应当抓住创新药的机遇，并且注重差异化。

2. 价格和销量的平衡

"十四五"期间集中带量采购的范围将不断扩大并进行更加精细化的管理。带量采购政策不仅影响中标产品，对未中标产品的价格也会产生影响。如何平衡价格和销量成为摆在药企面前的一道决策议题。在带量采购常态化和精细化趋势下，药企需要针对不同的市场布局不同的产品。

3. 数字化

2013 年数字化在医药行业中初次提起，之后便有了长足的发展。根据国家"互联网＋"医疗的政策，并结合新冠肺炎疫情对智能化技术催化剂的影响，医药企业数字化在医药行业在"十四五"期间将呈现技术多元化、向产业上游拓展、引发商业模式迭代创新等特点。医药企业应当牢牢把握这一机遇。

1.4.2 医疗

1. 医联体与分级诊疗

自 2017 年国家将分级诊疗制度建设列为重点工作以来，国家一直在通过加强医联体建设、远程医疗、医生多点执业等措施来助力分级诊疗体系的形成。截至 2019 年底，已建成上万家医联体。在分级诊疗的背景下，药企的营销模式也需要转变，从关注单个医院到关注医疗联合体，尤其要打通牵头医院。对于头部药企而言，不可再仅仅固守大城市大医院。

2. 医疗机构市场

近年来，国家开始对医院终端进行严格考核。由于医疗机构仍然是药品主要销售渠道，药企需要深入研究监管机构对公立医院在药品价格、药事管理、基药保障方面的考核重点，从而制定应对策略。

3. 医疗机构之外非公市场

2020 年《药品网络销售监督管理办法（征求意见稿）》的颁布，以及新冠肺炎疫情期间互联网医疗行业的迅速发展，都推动了处方外流。同时，"互联网＋医疗"医保政策出台，也使得常见病、慢性病患者在互联网医疗机构复诊可依规进行医疗报销。药企也应抓住机遇，加速布局药店市场和互联网电商平台，开辟除医院外的新市场。

1.4.3　医保

1. 医保信息标准化

国家医疗保障局成立以来，高度重视医疗保障标准化和信息化建设工作，实行"纵向全贯通、横向全覆盖"，推动形成全国自上而下医保信息数据交换的"通用语言"，实现全国医保信息互通互联，为开展医保大数据分析提供可能，为医保筹资、支付制度、药品耗材招标采购等政策制定提供决策支撑。

2. 医保支付方式改革

对于按病种付费为主的多元复合式医保支付方式改革，药企应当注重挖掘临床价值、进入临床路径等工作，需要对 DRG（按疾病诊断相关分组付费）/DIP（按病种分值付费）各组别的医药费用、自费情况等进行数据分析，对医疗服务、用药、器械使用等进行合理规划。此外，也应探索从单一医疗卫生"产品"向组合医疗卫生"产品"的方向发展。

3. 医保目录加快调整

近年来医保目录调整加快，未来医保目录调整仍是一项重点工作，医保准入给予了药企扩大先发优势的机遇。国家医疗保障局通过不断健全医保目录动态调整机制，掌握更多议价能力，制定医保支付标准，有助于进一步提升医保基金可控化程度。同时，随着医保目录调整频率不断加快，新药、进入国家基本用药目录的药品、通过一致性评价的仿制药、儿童用药、罕见病用药等有望在未来较长的一段时间内持续纳入国家医保。对于药企来说，不断挖掘临床价值，持续重视药物经济学研究，重视进入国家基本用药目录的药品及国家集采的时间窗口，就能够为将来进入医保打下扎实的基础。

参考文献

[1] 葛延风，贡森，丁宁宁，等.中国医改问题·根源·出路 [M].北京：中国发展出版社，2007.

[2] 刘丽杭.中国医疗保障制度发展的历史回顾 [J].湖南医科大学学报：社会科学版，1999(1):57-61.

[3] 叶俊.我国基本医疗卫生制度改革研究 [D].江苏：苏州大学，2016. DOI:10.7666/d.D01007398.

[4] 曹海东，傅剑锋.中国医改 20 年 [N].南方周末，2005-08-04(A06). DOI:10.28598/n.cnki.nnfzm.2005.000791.

[5] 黎燕珍.中国医改：20 年再回首 [J].中国改革，2005(10):30-33.

[6] 中国政府网.国务院关于建立城镇职工基本医疗保险制度的决定 [EB/OL].(2005-08-04)[2022-05-04]. http://www.gov.cn/banshi/2005-08/04/content_20256.htm.

[7] 中国政府网.中共中央国务院关于进一步加强农村卫生工作的决定 [EB/OL].(2002)[2022-05-04]. http://www.gov.cn/gongbao/content/2002/content_61818.htm.

[8] 黄羽舒，陶立波.药品集中带量采购对我国医药产业集中度的影响——基于产业经济学视角的分析 [J].中国医疗保险，2020(2): 64-67.

[9] 中国政府网.中共中央国务院关于深化医药卫生体制改革的意见 [EB/OL].(2009)[2022-05-04]. http://www.gov.cn/test/2009-04/08/content_1280069.htm.

[10] 中国政府网.医疗卫生体制改革近期重点实施方案（2009-2011 年）[EB/OL].(2009)[2022-05-04]. http://www.gov.cn/test/2009-04/08/content_1280057.htm.

[11] 高强."深化医药卫生体制改革"[N].人民日报，2013-12-31(07). http://opinion.people.com.cn/n/2013/1231/c1003-23984503.html.

[12] 中国政府网.中共中央国务院印发《"健康中国2030"规划纲要》[EB/OL].(2016)

[2022-05-04]. http://www.gov.cn/xinwen/2016-10/25/content_5124174.htm，2016-10-25.

[13] 李玲 . 全民健康保障研究 [J]. 社会保障评论，2017，1(1):53-62.

[14] 全国人民代表大会网站 . 中华人民共和国基本医疗卫生与健康促进法（2019 年 12 月 28 日第十三届全国人民代表大会常务委员会第十五次会议通过）[EB/OL].(2019)[2022-05-04]. http://www.npc.gov.cn/npc/c30834/201912/15b7b1cfda374666a2d4c43d1e15457c.shtml.

[15] 国家卫生健康委员会法规司 . 一图读懂《中华人民共和国基本医疗卫生与健康促进法》[EB/OL].(2020-06-03)[2022-05-04]. http://www.nhc.gov.cn/fzs/s7847/202006/7dee8163b1e547b8bf9be40e0b4a2c3b.shtml，2020-06-03.

[16] 习近平 . 扎实推动共同富裕（2021 年 8 月 17 日在中央财经委员会第十次会议上讲话的一部分）[EB/OL].(2021-10-15)[2022-05-04]. http://www.gov.cn/xinwen/2021-10/15/content_5642821.htm.

[17] 中国政府网 . 中共中央 国务院印发《"健康中国 2030"规划纲要》[EB/OL].(2016-10-25)[2022-05-04]. http://www.gov.cn/xinwen/2016-10/25/content_5124174.htm，2016-10-25.

[18] 汪晓东、张炜、赵梦阳 . 为中华民族伟大复兴打下坚实健康基础——习近平总书记关于健康中国重要论述综述 [N]. 人民日报，2021-08-08(01). http://paper.people.com.cn/rmrb/html/2021-08/08/nbs.D110000renmrb_01.htm，2021-08-08.

[19] 梅斯医学网 . 重磅盘点 :2016 年影响医疗界的 12 大政策 ![EB/OL].(2016)[2022-05-04]. https://m.medsci.cn/article/show_article.do?id=7dde84454e8.

[20] 中国政府网 . 健康中国行动（2019-2030 年）[EB/OL].(2019)[2022-05-04]. http://www.gov.cn/xinwen/2019-07/15/content_5409694.htm.

[21]E 药经理人研究院内部资料 [Z].2021.

[22] 中国财富网 ."十四五"规划来啦！全面推进健康中国建设 就看这六点了 [EB/OL].(2020-06-03)[2022-05-04]. https://baijiahao.baidu.com/s?id=1694348659101348816&wfr=spider&for=pc，2020-06-03.

[23] 中国政府网 . 实行"三医"联动 更好满足人民群众医疗卫生需求 [EB/OL].(2014-03-26)[2022-05-04]. http://www.gov.cn/zhengce/2014-03/26/content_2646094.htm，2014-03-26.

[24] 张立军 . 三医（医疗 / 医保 / 医药）联动改革总体设计研究 [D]. 上海：同济大学，2008. DOI:10.7666/d.y1378379.

[25] 赵东辉，付晓光 . 健康治理视角下的"三医"联动 :内涵、目标与实现路径分析 [J]. 中国卫生政策研究，2021，14(1):10-16. DOI:10.3969/j.issn.1674-2982.2021.01.002.

[26] 安永.机遇与挑战——医药行业"十四五"规划展望 [EB/OL].(2021-03-16) [2022-05-04]. https://www.sohu.com/a/444775724_676545，2021-03-16.

[27]McGuire T G. Chapter 9 Physician agency[J]. Handbook of Health Economics, 2000, 1(00):461-536. https://doi.org/10.1016/S1574-0064(00)80168-7.

[28] Gaynor M, Vogt W B. Chapter 27 Antitrust and competition in health care markets[J]. Handbook of Health Economics, 2000, 1(00):1405-1487. https://doi.org/10.1016/S1574-0064(00)80040-2.

[29]Dranove D, Shanley M, and White W D.Price and concen tration in hospital markets: the switch from patient-driven to payer-driven competition[J]. Journal of Law and Economics, 1993,36,179-204. DOI:10.1086/467270.

[30] 搜狐健康频道.理性分析我国医药产业基本业态 运行效益不高 [EB/OL]. (2009-08-03)[2022-05-04]. https://health.sohu.com/20090803/n265686686.shtml, 2009-08-03.

[31] 何庆.浅析医药行业发展现状及改革动向 [J]. 市场研究，2017(3):16-17.

[32] 国家统计局.第七次全国人口普查公报（第五号）[EB/OL].(2021-05-11)[2022-05-04]. http://www.stats.gov.cn/tjsj/tjgb/rkpcgb/qgrkpcgb/202106/t20210628_1818824.html，2021-05-11.

[33] 中国新闻网.何为"医联体""医共体"？国家卫健委释疑 [EB/OL].(2021-07-23)[2022-05-04]. https://baijiahao.baidu.com/s?id=17060541570016852873&wfr=spider&for=pc，2021-07-23.

[34] 健康界网站.医联体全面铺开！详解全国医联体四种模式 [EB/OL].(2019-04-10)[2022-05-04]. https://www.cn-healthcare.com/articlewm/20190410/content-1049386.html，2019-04-10.

[35] 国家发展和改革委员会，《关于开展城乡居民大病保险工作的指导意见》（发改社会 [2012]2605 号）[EB/OL].(2012-08-30)[2022-05-04]. https://www.ndrc.gov.cn/xxgk/zcfb/tz/201208/t20120830_964475.html?code=&state=123，2012-08-30.

[36] 新华网.习近平提出，提高保障和改善民生水平，加强和创新社会治理 [EB/OL].(2017-10-18)[2022-05-04]. http://www.xinhuanet.com//politics/2017/10/18/c_1121820849.htm?baike，2017-10-18.

[37] 中国政府网，《民政部关于加强医疗救助与慈善事业衔接的指导意见》（民发〔2013〕132 号）[EB/OL].(2013-08-12)[2022-05-04]. http://www.gov.cn/gongbao/content/2013/content_2528118.htm，2013-08-12.

[38] 赵斌，宁婕.政府购买医疗保障服务政策下商业健康保险的盈利模式 [J]. 保

险研究，2011(10):30-38.

[39] 罗敏 . 商业医疗保险的逆选择风险和道德风险控制问题研究 [D]. 成都 : 西南财经大学，2005.

[40] Mckinsey Report, How COVID-19 changes the game for biopharma in China[EB/OL].(2020-04-24)[2022-05-04]. https://www.mckinsey.com/industries/life-sciences/our-insights/how-covid-19-changes-the-game-for-biopharma-in-china, 2020-04-24.

[41] 产业信息网 .2019 年上半年中国医药生物行业整体表现、研发投入、盈利能力、医药公司发展情况及 2019 年政策大趋势与未来医药资源发展趋势分析 [EB/OL].(2019-09-24)[2022-05-04]. https://www.chyxx.com/industry/201909/786387.html， 2019-09-24.

[42] 智研资讯 .2019-2025 年中国医药行业市场研究及发展趋势研究报告 [Z].2019.

[43] 商务部 .2020 年药品流通行业运行统计分析报告 [EB/OL].(2021-07)[2022-05-04]. http://images.mofcom.gov.cn/scyxs/202107/20210730170427949.pdf.

[44] 许立波 .1 药网联合创始人于刚：医药健康行业壁垒极高 科技是最重要发展驱动力 [N]. 每日经济新闻，2021-12-23(004).

[45] 辛聪 . 医药工业经济的现状与发展研究 [J]. 时代经贸，2019(6):12-13.

[46] 郭文，张天义，周斌 .2020 年上半年中国医药工业经济运行情况分析 [J]. 中国医药工业杂志，2020，51(11):1468-1474.

[47] 华经情报网 . 药品流通行业销售规模、区域分布、市场结构和发展趋势分析 [EB/OL].(2021-12-24)[2022-05-04]. https://www.sohu.com/a/511254846_120113054，2021-12-24.

[48] 观研天下 .2020 年中国药品销售市场调研报告——市场深度调研与发展动向研究 [Z].2020.

[49] 前瞻经济学人公众号 .2021 年中国医药电商行业全景图谱 [Z]. 2021-05-31.

[50] 艾媒咨询 .2019 中国医药电商市场发展现状、问题与趋势分析 [Z]. 2019-09-11.

[51] 中国政府网 . 中共中央办公厅 国务院办公厅印发《关于深化审评审批制度改革鼓励药品医疗器械创新的意见》[EB/OL].(2017-10-08)[2022-05-04]. http://www.gov.cn/zhengce/2017-10/08/content_5230105.htm，2017-10-08.

[52] 卫健委官网 . 国家卫生健康委办公厅关于启动 2020 年度二级和三级公立医院绩效考核有关工作的通知 [EB/OL].(2020-06-29)[2022-05-04]. http://www.nhc.gov.cn/yzygj/s3593g/202006/4dd76a4ce9dc4795a53628f82acfdcf9.shtml，2020-06-29.

第 2 章

医药市场营销理论和特点

2.1　医药产品概论

医药与我们每个人息息相关，我们一生有无数次需要吃药、甚至有时需要手术或者接受治疗。"悬壶济世"和"治病救人"是医生的立命之本，那医药行业作为医生不可或缺的药品、器械、治疗方案的提供方，它的使命是什么？它又有哪些特性呢？作为本章的开篇，让我们走进医药行业。

首先，医药行业给自己立下的使命是"预防，诊断，治疗，战胜疾病，改善健康"。不管是西医还是中医，医药人为此世代努力，不断探索和创新，一个个"不治之症"逐步被攻破，为大众更健康、更好的生命质量保驾护航。

同时，医药产品也是商品，医药行业需要通过销售这个商品来覆盖成本，收回投资，赚取利润，再把收入的一部分投入研发，才能不断开发出新的药物或治疗手段。

不过，作为商品，医药产品因为"人命关天"而又与常规的商品不同，它具有以下特点：

一、强制性消费：

不生病我们通常都不会吃药，当然预防和保健类的药品除外。生病不吃药通常是不行的，吃药是强制性消费，不管你是通过药店买药还是去看医生。

二、第三方决策：

我们生病时除了头疼脑热去药店自己买药外，大多数情况下需要去医院看病，由医生经过诊断后开处方。我们自己不能决定该吃什么药，该如何治疗，要听医生的。这主要是因为我们人体太复杂、太精密，我们通常不拥有相应的专业知识，出了问题需要专家来解决。

药品的第三方决策还体现在：药品研发出来能不能上市不是企业说了算，而是国家的药监局说了算；医院能不能进药不是医院说了算，而是由国家的医保局说了算（招标）；等等。

三、第三方付费：

除了自己不能决定吃什么药和怎么治疗，我们通常也不用自己付钱，而由国家提供的基本医疗保障或者另外购买的商业医疗保险来支付，当然要符合支付条件。这颇有点像现在的互联网时代，消费者享受网上提供的众多免费资源，供应方（第三方）向平台方付费。

四、无价性：

不管价格高低，我们都不会跟医生讨价还价，药品也无打折促销之说。"生命无价"，能治好病是唯一目的，价格不是问题。

五、质量绝对性：

药品质量事关人命，不能有正品和次品，也不能有三六九等之说，药品每个批次的质量都必须符合药典制定的标准。否则，就不能开处方出去。

六、效用相对性：

吃了药或经过了治疗，病也不一定能好，这点我们必须有清醒的认识。这不是因为医生的专业水平不高，而是因为药品的有效性做不到百分之百，再加上我们个体有差异。

七、检验局限性：

虽说药品每个批次都要检验，但也只能是抽检，不能做到每片药都检查。

在本书中提到医药产品时不仅仅是指药品，而是包含以下这些不同的类别。需要注意的是，这里的分类和定义只是根据医药行业内的约定俗成来做一基本的分类，其定义也非按照严格的科学规范。目的只是让大家对此有个基本的认识。

一、人药：

这是为治疗人类的疾病而生产的药品，它又可细分为两类：

1. 中药：这是我国传统药品的统称，属于植物药，主要形态是药材，还有根据传统验方制成的中成药，外用药，也有少部分的中药注射剂。

2. 西药：这是由西方利用现代化学和生物手段制成的药品，属于化学药品，主要形态有片剂、胶囊、水针。西药又分成处方药和非处方药。处方药（Rx），顾名思义，是需要医生开处方才能购买的药品，如抗生素、肿瘤治疗药物等。非处方药（OTC），是不需医生开处方就可购买的药品，通常为常用药，如治疗感冒、消化不良等的药。

二、兽药：

这是为治疗动物的疾病而生产的药品，根据动物跟人类的关系，我们把它又细分为两类：

1. 家禽家畜用药：用于人类饲养的为人类提供食物或劳力的动物的疾病治疗和预防，如：猪马牛羊，鸡鸭鱼虾。

2. 宠物用药：用于人类饲养的为人类提供情感依托的动物的疾病治疗和预防，最常见的就是猫和狗。

三、医疗器械：

这是为进行疾病治疗而使用的器械，如：手术刀、心脏支架、采血管。

按照价格高低，医疗器械又可分为低值耗材和高值耗材。

四、医疗设备：

这是用于疾病诊断的大型设备，如：CT 机，核磁共振机、呼吸机。这些设备通常都由医疗机构如医院购买，一台设备可多次长期使用，但所用的耗材，如胶片、显影剂等，要根据消耗而不断补充。

五、疫苗：

疫苗是为预防由病毒引起的严重疾病而生产的，孩子一出生就要接种不同的疫苗。有些疫苗一生接种一次，有些要按时间间隔接种多次，以提供所需的保护。有些病毒感染，不及时接种将有生命危险，如狂犬疫苗。

六、营养品：

严格意义上来说，营养品不是药品，之所以把它也放进来，主要是因为有许多药企也生产和销售营养品，如：特殊配方婴儿奶粉、营养补充剂、肠外营养品等。有些营养品对医生的治疗起到一定的辅助作用，比如，大型手术前帮患者快速减肥的同时有能保持体力的功能性营养品。

2.2　医药产品营销的核心

同其他商品一样，医药产品也需要通过营销来实现赢利。医药产品有不同的功能，面对不同的市场，解决不同的问题，有些领域的竞争还非常激烈。如何让医生、患者了解自己的产品，如何在激烈的竞争中脱颖而出，如何根据市场反馈不断研发新功能、新产品？医药营销行业的回答是：通过学术推广，传递价值。

我国医药市场的营销，特别是处方药的营销，并不是一开始就采用了学术推广的方式，它是随着市场的变化而逐步发展变化过来的。简单来看，医药产品的营销模式在我国经过了以下这几个变化历程：

计划经济时代：医药产品是由国家统一计划、调拨，企业只要按计划生产和供应即可。

1980年到1990年是改革开放的初期，医药产品还属于供给短缺商品，大多数医药企业基本不愁销售，只要保证质量生产出来，通过销售渠道就能保证销量。

1990到2000年间，大量外资医药企业进入国内市场，开始招聘医药代表，照搬国外经验，在国内开始大张旗鼓地开展学术推广，取得了不俗的业绩。有些国内药企开始学习外企的做法。

2000年到2010年，医药市场蓬勃发展，市场竞争趋于激烈，根据自身情况药企尝试了多种营销模式，如总代模式、大包模式等。市场上鱼龙混杂，大众对医药营销有很多的负面看法。

2010年开始，国家医改继续深入推进，同时对医药营销乱象开始整顿，出台了一系列的改革政策，如医保支付管控、医药代表备案制、两票制等，促使医药企业向着更规范、更合规、更注重产品质量和价值的方向改进。"学术推广、传递价值、整合方案、客情服务"成为大部分医药企业的共识。

下边我们就通过五个章节来谈谈学术推广的各个方面。

2.2.1 学术推广之"学术"

学术推广的内容来源是该产品在研发和临床试验以及在临床应用中得到的结果，作用机理，以及被药监局批准的产品适应证、用法用量等。

医药产品要上市，必须经过临床试验。新药的临床试验有四个步骤：

·一期临床：评价药物的安全性和耐受性的临床试验，有时也包括药物代谢动力学。主要目的是制订给药方案。一般受试例数约20至30例。

·二期临床：对新药有效性及安全性作出初步评价及推荐临床用药剂量，以随机双盲及对照形式进行，试验组的病例不少于100。

·三期临床：扩大性的临床试验，进一步评价新药的有效性及安全性，以多中心临床试验，试验组病例一般不少于 300 例。

·四期临床：主要监测新药上市后的疗效及不良反应。临床试验单位不少于 30 个，病例数目不少于 2000。

医学是实践科学，近 20 年来国际西医学界最认可的学术理念就是循证医学（evidence based medicine），在原理、推理、结果之间，绝对注重结果。一定要经过科学专业的临床试验，最后拿数据说话，被临床试验证明有效且安全的药物才会被批准上市。由于医药产品的特殊性，即使药物上市后，药企也可能会继续做四期临床。

三期临床试验通常要求大规模多中心随机双盲试验：

·大规模：样本量要大，也就是参加的患者人数要多。

·多中心：有多家医院参加，甚至多个国家参加，这样做可以消除一些客观和主观的影响，保证实验结果的可信度。

·随机：入选的患者基本情况差不多，这样才具有统计价值。

·双盲：为了消除试验操作者的主观倾向，消除患者的主观倾向（据统计，安慰剂有 25% 的效果），参与临床试验的患者（志愿者）被随机分成两个对照组，一组服用做试验的药物，一组服用安慰剂。但不管是医生还是患者，都不知道到底哪组是试验组，哪组是对照组。

四期临床试验通常不像三期临床试验那样，它相对来说属于小规模试验。这类试验可以时间短，方案比较简单，但一定要科学严谨。否则没有医生会愿意做这样的试验，做出的结果也没有可信度，所以是没有价值的。

按照我国新药上市的法律法规，药企要想引进一个国外药品，不管这个产品是否已在国外上市，只要是第一次进入中国市场，就需要做三期临床试验，然后提交上市申请，经药监局审查合格后才授予产品批号。

以此确保该药品适合中国人的体质和情况，能够安全有效。

临床试验除了是新产品申请上市的前提，它的试验结果也是医药产品做学术推广的依据。同时，做三期临床试验也是学术推广的一种手段，具有以下作用：

·试用进药：通过临床试验项目跟医院相应的科室和医生合作，给医生接触和试用医药产品的机会，为药品能正常进院打好基础。药品进院申请是由科室提交给医院的药事委员会，由来自各科室和院办的专家经过讨论后决定的。

·产品教育：为了专业上的发展和胜任，医生有兴趣、有意愿了解疾病治疗的新进展和新手段，医药企业可以通过临床试验对医生进行相应的培训和教育。同时，临床试验的结果还可以争取在专业期刊上发表，这也是医生科研成果的一种展现形式。

·培养处方习惯：医生对一个没有用过的药品总是有一个从了解到处方的过程，临床试验是一个很好的开始。

·建立专家关系：临床试验方案的设计可以征询专家的意见，试验的结果和结论可以得到专家的认可，以此可以影响其他的医生。

·做好学术推广：临床试验的结果和证据可以在专业期刊上发表，为专业化学术推广提供有力的背书。

·寻找新的机会：临床试验可以针对新的适应证、新的治疗方法如联合用药，以此发掘药品新的治疗作用等潜在机会。

临床试验采用的是随机对照试验，它是通过一系列标准选取高度均一化的受试人群。人为选择策略能获得可靠的药效评价，为循证医学提供科学证据，但在真实的临床实践中，患者群体即使是同一种病，个体与个体也有很大的差异，使得治疗效果往往因人而异，没有临床试验的结果那么好。

针对临床试验的缺陷，2016 年 12 月 7 日美国国会通过《21 世纪治愈法案》（21st Century Cures Act），明确美国食品药品监督管理局（FDA）可以在合适情况下使用真实世界数据，作为医疗器械及药品上市后研究及新适应证开发的审批证据。2020 年 1 月 7 日我们国家药监局发布国内首个《真实世界证据支持药物研发与审评的指导原则（试行）》。

何为真实世界研究？国家药品审评中心将"真实世界研究（Real World Study，RWS；Real World Research，RWR）"定义为：在真实世界环境下收集与患者有关的数据（RWD），通过分析，获得医疗产品的使用价值及潜在获益或风险的临床证据（RWE），主要研究类型是观察性研究，也可以是临床试验。

真实世界研究是非干预性的，不人为地对患者入组条件、年龄以及用药方案等进行限制，得出的结果更符合临床实际的情况，对临床具有重要指导意义。真实世界研究可以作为临床试验的手段，也可以作为医药产品上市后的跟踪研究，还可以通过真实世界的数据做药物经济学研究，分析、比较医药产品同竞品在疗效、治疗手段、治愈时间以及费用等方面的优势，即产品的价值。真实世界研究能够实现，也得益于 IT 技术、互联网和云计算的逐步推广和完善。

下边，我们通过两个真实案例，看一下"学术推广"是如何体现"学术"的。

■ 【案例 1：改写用药指南】

医生用药通常会从比较初级的药开始，初级的药相对比较便宜，如果没有效果，再换一个更好一点的药再试试，不行的话再换一个更高级的药。可能大部分患者的疾病都没那么严重，不需要用更高级或者说药效更厉害的药。这样做的结果，患者和医保总体的花费可能更低。但是这样阶梯治疗的方式，患者被治愈的时间可能拖长，患者的痛苦就会加深，还有可能大部分患者最后都需要用更厉害的药，那总的医疗支出反而增加了。

外资药企 A 制药公司的 L 药物在通过临床试验之后，在英国向药监部门通过药物经济学的分析说明，针对胃食管反流、胃酸的治疗，首先用 L 这个更好更新的药，能够更快地治愈患者，比传统的阶梯式用药总的医疗支出更少，更不要说减少患者由此引起的生活上的痛苦、不便和其他的因素。由此促成了针对这个胃病治疗的临床用药指南的更新，极大地促进了 L 药物被医生接受并进行处方的动力。

■ 【案例 2：学术有回报】

如何让一个老药焕发青春？外企很多的做法是通过不断地投入研发和临床试验，不断地找寻新的适应证。最经典的一个案例就是号称百年不老药的阿司匹林。1897 年，德国拜耳第一次合成了构成阿司匹林的主要物质。1899 年，拜耳以阿司匹林（Aspirin）为商标，将此药品销售至全球。

阿司匹林最初的应用是解热镇痛药，用于发热、疼痛及类风湿关节炎等。迄今为止，阿司匹林已应用百年，成为医药史上三大经典药物之一，至今它仍是世界上应用最广泛的解热、镇痛和抗炎药，也是作为比较和评价其他药物的标准制剂。

同时，得益于拜尔对阿司匹林持续不断的研发，后来又发现它在体内具有抗血栓的作用。它能抑制血小板的释放反应，抑制血小板的聚集，在临床上开始用于预防心脑血管疾病的发作，即俗称的心梗和脑梗。

2.2.2 学术推广之"推广"

既然叫学术推广，它就有学术和推广两个方面。讲学术是为了做推广，学术是专业，推广是营销；学术是价值传递，推广是价值变现。如何实现变现？那就是在讲学术的过程中影响医生的临床诊疗观念，进而影响医生的处方行为，达到医生在诊治特定病症的患者时会开出药企所希望的合适处方。

任何一家想销售产品的企业都会对营销有此目的。学术推广的前提还是要有好的"学术"，即有好的"临床"，意味着有过硬的临床试验和临床应用数据，有切实的疗效。同样，医药产品在推广过程中，跟其他产品一样，不应夸大疗效、不应扩大可治疗疾病的范围、不应超量开药，不应违规推广，等等。

医药产品的疗效是经临床试验验证的，是由药监局审核批准的，每一批次的药生产出来之后都是由药品检验所检验合格的。因此，只要学术推广在正确的方向上，医生就能有效地利用合适的医药产品帮助患者，达到治病救人的目的。学术推广本身无错，关键是要合规。有关合规，我们后边专门花一节篇幅来谈。

从另一个方面来看，一个大医院的医生经历了 5 到 11 年从本科到博士的专业学习，开处方时首先想到的是药品的安全性和有效性，没有医生会处方有风险的不可靠的药品，那样会对其职业有不利影响，也会有悖于"救死扶伤"的职业信念。

不过，虽说医生在学校经过了那么多年的学习，但技术在进步，疾病治疗的手段在发展，新的药品不断涌现。医生需要跟上科技进步的步伐，以便更好地治病救人，他就需要不断地更新自己的知识，不断实践，医术才能提高。参与临床试验、阅读专业文献、接受继续教育等都是医生在繁重的工作之余需要持续不断投入时间和精力的事情，医药企业在其中也做出了自身的贡献。

学术推广由药企的多个部门协同完成，比如医学部、市场部、销售部，而其中一个不可或缺的角色就是医药代表。医药代表在行业内部有不同的称呼，有的叫 MR（Medical Representative，医药代表），有的叫 PSR

（Professional Service Representative，专业服务代表），还有的叫学术专员（Medical Specialist）。尽管医药代表在各家药企内部的称呼有差异，但他们的核心职能都是以下几点：

·向医生传递产品的学术信息，帮助医生了解产品的适应证、药代动力学、作用机理、用法用量等。这是医生能够正确处方医药产品所不可缺少的环节。

·解答医生在临床使用中碰到的问题，帮助医生找到合适的药物治疗方案，给患者提供个性化、有成效的诊治。

·收集并反馈不良反应信息。尽管医药产品上市前都经过了严格的临床试验，但人体很复杂，单个患者的情况可能不同，比如年纪大又有基础疾病，对同一药品的疗效不同，还可能会有不良反应。这些都需要被及时反馈到相应的政府机构和医药产品的生产企业。

·帮助医生了解有关疾病和治疗的最新研究成果，助推医生的知识体系与时俱进。

由此可见，学术推广（promotion）不是产品推销（sales），它是培训教育、产品宣讲、客户服务等多种工作的融合，也是促进医疗机构和医护人员提高疾病诊疗知识和手段的重要渠道，是保证人民大众有病得到有效安全治疗所不可或缺的环节。

学术推广不仅仅针对医生，越来越多的医药企业也会通过开展患者教育来推广产品。为什么需要做患者教育？一是公众的受教育程度普遍提高，自主意识逐步增强，希望通过了解更多的疾病及其治疗知识，增强自我判断的能力。二是患者希望能通过了解更多的知识来加强自我保健，自我治疗。三是患者希望能够更好地跟医生沟通，参与到对自身疾病治疗方案的讨论中。

专业化学术推广和患者教育并不冲突，只要不违反处方药不能做广告的法规就可以。哪些药可以考虑做患者教育呢？第一、慢性病治疗药物，例如针对糖尿病、高血压的治疗药物。此类治疗药物很多，患者需要长期甚至终身服药，还需配合相应的生活习惯和饮食习惯的改变。第二、治疗严重疾病的药物，如治疗癌症、肿瘤、肝病、肾病的药物。此类疾病后果严重，患者愿意尝试不同方案。第三、其他患者人群明确的治疗药物，比如儿童多动症、女士更年期，此类患者人群容易确认，便于组织活动。

患者教育可以与医院、基层卫生中心、社区、学校、医药医疗相关的学会和协会等一起合作，可以采用讲座、互动游戏、义诊等形式，辅以产品宣传单页、小礼品等，以针对疾病的知识教育和生活习惯的建议为主，避免明显推广医药产品。

虽说有各种各样的患者俱乐部，但按合规的要求，医药企业不能直接跟患者俱乐部合作，不管这些患者俱乐部是由患者自发组织的，还是由医院发起的。不过，药企可以赞助医药行业学会和协会针对患者的教育活动。

■■■ 【案例 3：推广是系统工程】

间质性肺疾病（ILD）是以弥漫性肺实质、肺泡炎症和间质纤维化为病理基本病变，以活动性呼吸困难、X 线胸片弥漫性浸润阴影、限制性通气障碍、弥散（DLCO）功能降低和低氧血症为临床表现的不同种类疾病群构成的临床－病理实体的总称。这是百度词条对该类疾病的解释。

ILD 这种疾病有 200 种亚型，在现有的临床诊断当中很难诊断到 ILD 的下一步亚型，因为一没有很好的鉴别设备，二即使诊断出来也没有很好的药物。ILD 当中有很多具体的病种，会有一个非常严重的疾病进展过程，甚至可能带来死亡的威胁。

外资药企 B 公司在一个新产品的临床试验过程中发现该药品对间质

性肺疾病 ILD 有很好的作用和疗效，后期经过更深入的人体临床以及注册性临床，在 2018 年前后获得了在全球以及中国市场上市的机会。

对于产品推广来说，希望通过产品上市能推动疾病领域的诊断到治疗的发展，能让患者用到一个经过监管部门批准的适应证内的药物。通过挽救更多患者的生命，给更多患者带来健康，同时实现产品的商业价值。

该产品在中国获准上市后，B 公司面临的下一步工作就是如何进行学术推广？简单来说，这牵涉到策略的制定，以及计划的落地执行和监管。策略是帮助企业定方向，帮助实现公司价值目标的一个规划体系，是一个方法论。执行角度就是通过一系列定量的和定性的系统化的管理，保证策略的落地和执行。

制定策略的前提是对市场的了解。通过流行病学的数据，可以知道这个疾病在我国的患病率是 10/10 万，即每十万人中有十个患者，这属于罕见病的一个上限的患病率的水平，由此意味着全国至少有 10 万人的患者规模。这些患者通常去哪里看病？通过市场调研，可以知道全国现有的间质性肺疾病中心只有十几家，而且都集中于大城市。显然，十几个中心无法满足需求，漏掉了对大部分患者的确诊。更何况，患者在有症状初期不知道该去哪些地方看病，不知道该看哪个科室哪个专科。

ILD 疾病的诊断也缺乏手段，医生不知道通过什么好的手段来诊断，更不用说区分疾病不同的亚型。这样就存在一个双盲的状态，医生找不到患者，患者找不到医生，医生如果有疑问，也不知道去问谁。作为一个药企，B 公司在推广该药品时就要帮助去解决这个问题，在做商业化落地的同时推动医生对这个疾病领域的认知的完善，一些行业规范的建立，甚至一些临床治疗指南的建设。

在制定产品推广策略时，B 公司非常注意相关的合规以及商业和道德准则，公司的商业目的要忠实于整个公司为人类健康服务，对疾病的管理，对患者的拯救，对安全的管理，对相关的环境的一些保护，要把相关的这些整体的合规和道德要求，落实到产品策略的制定上，体现从商业价值到社会价值到学术价值的统一。

B 公司制定了一个三阶段的推广策略，涵盖三个覆盖阶梯，并分别制定了衡量各阶段目标的标准、时间点，以及进入下一阶梯的触发点：

一、第一个阶梯：在上市的前三年，覆盖以十几个间质性肺疾病中心为基础的一些大城市，来保证初期阶段的商业化起步。早期上市肯定是投入大于产出的，但是当决定是否要走到第二步，从 20% 扩大到 50% 的市场的时候，就要看是不是至少达到初级的财务平衡。

二、第二个阶梯：以第一阶段的覆盖为中心，扩大到一线城市和一些顶级二线城市，并以二线城市为主战场，将市场覆盖率从第一阶段的约 20% 提升到 50% 的水平。决定是否要进入第三阶段，进一步提升到覆盖 80% 的市场，就取决于对疾病的充分管理和支付能力的提升，一个重要的标志往往是进全国医保了，就可以继续扩大市场。因此，在第二个阶梯时就要着手解决市场准入的问题。

三、第三个阶梯：进一步将市场覆盖率扩展到全国占比 80%。一个药物通常从上市到最后走到成熟期，会有十年左右的一个全周期。对未来药物长期发展带来的生命周期管理，如何能在更大领域上来扩张，这也是策略层面要回答的问题。

策略的落地执行有许多具体的计划和工作要做，包括：产品物流方面的准备，如何保障在国内的上市和供应；商业化管理方面，如业务的规划，营销团队的管理，绩效的管理以及考核的管理，还有市场活动的管理，资源的分配，等等，去服务于保证市场策略的落地和执行。

我们这里列举几个方面：

一、覆盖多少医院？

要达到市场覆盖率 20%、50%、80% 的目标，分别需要覆盖多少家医院？这是一个比较经典的 SFE（Sales Force Effectireness，即销售有效性）问题，不是靠市场部想一想就可以的，而是需要非常多的量化分析。需要有专业的 SFE 部门，需要有商业职能部门的配合和支持，会需要购买一些第三方的数据，比如医院的潜力数据，销售数据，甚至需要做一个调研乃至咨询项目。获取了足够的市场数据之后，B 公司了解到市场和医院现有潜力的分布，再通过大样本的医生调研问卷，了解到医生科室层面的潜力的分布。

需要注意的是，潜力分布在各个疾病领域有很大的差异，对于 ILD 来说，集中度很高，SFE 需要根据数据分析的结果提出目标医院的区隔和定位，同时把这个区隔以城市和医院的形式在 CRM（客户关系管理）系统里体现，作为执行层面的指导，并监控执行过程中代表针对切下来的医院是不是找对了正确的客户。代表也会再去问一遍这些客户会有多少这方面的患者，以此反复校正数据的合理性，同时不同的客户也会再做一个进一步的分级和细分。这个是从策略到执行层面非常重要的一点。

二、销售团队如何部署？

根据要覆盖多少家医院，B 公司根据生产力以及拜访工作量，统计出需要多少销售代表。但这里面会遇到一个现实的问题，即地域的概念。对一个专科药的医药代表来说，1 个代表可能从地理上最多只能覆盖半个省份，还要考虑工作负荷的情况，这就可能要有个取舍，未必把全省平均前 10 大的医院都留下，可能要保留 8 家大的，而且地理位置比较近地集中在省会城市的这样的一个区域，再加省会的两家小医院作为一个代表的区域。所以说，SFE 管理是一个系统化再结合业务实际进行调整的过程，也会跟销售部和市场部进行充分的沟通，是一个从科学到艺术的体系。

作为新上市的产品，B 公司在区域销售之外，还配置了区域的市场部团队和区域的医学部团队，由多团队协同管理医生的相关问题和沟通。

三、如何实现闭环营销？

基于产品的特点，B 公司对该产品的学术推广设定了一个合适的拜访目标和拜访频率，并通过 CRM 系统要求代表及时反馈，以便跟踪管理代表有没有实现正确的拜访率和拜访办法要求。

再者，医学部和市场部把产品的优势、疗效、安全性、二三期临床的数据，跟竞品的比较、常用的剂量以及常见的不良反应等整理出一套体系形成一套资料之后，利用现代科技，将这些推广资料做成电子化的EDA（宣传单页），使代表在跟医生做学术推广过程中可以有更多的互动，可以针对每一页标记医生的态度，认可、不认可还是有问题需跟进。

同时，也可以通过查看给到医生的线下材料医生是否打开，是不是有比较长的阅读时间，是不是有转发同行等后台记录帮助代表了解医生对产品的知晓度、认可度到推荐度等诊疗观念的变化历程。

这些从销售一线和医生层面反馈的信息，市场部层面会有一个更高层面的统计和分析。基于医生不同的分级情况，每个层级的医生，每个潜力层级的医生，每个观念阶段的医生，他的诊疗观念的进展和变化情况如何？他最关注哪些问题？他的认可度是不是有变化，对疾病的认知是不是有变化，等等，帮助市场部及时了解营销策略落地执行的有效性，并及时做出相应的调整。

再进一步，对医生更全面的了解也借助现代科技得以深入。除了传统上了解医生的基本属性，即他在哪家医院，哪个科室，他的岗位级别和行政级别，他的资历以外，现在还可以了解到他发表了哪些文章，他在圈子里的影响力，等等。

因此，这是一个闭环的体系，从制定策略到通过系统化的信息输入，到实时的抓取，到定期的反馈，给医生在不停地打标签，同时观念的标签会跟医生一些基本属性的标签结合在一起，目标是实现对医生 360 度的评估和服务。

作为闭环营销中的一环，对结果的考核也是非常重要的一点，包括对医生的拜访和会议的执行结果，市场销售的产出等。有些数据是实时的，比如说 DDI（数据直连）每天的销售数据；有的是月度的；有自己收集的数据，也有一些第三方提供的数据，比如，协议经销商的出货名单，出货量。企业基于在合规框架下的一个考核体系，以行为 KPI（关键绩效指标）和结果 KPI 的考核评估代表的业绩，最后形成一个闭环去激励代表符合合规政策符合道德准则下的正确的商业行为，并奖励由此带来的好的商业结果。奖励有物质的，也有与提升和培训等相关的成长项目，通过正向反哺和反馈，给产品下一步的成长积蓄力量。

四、如何多渠道做医生教育？

对一个新的疾病领域的认知，对医生来说很重要的一点就是一个自上而下的教育，通过全国的 KOL（意见领袖专家队伍）带来一个广泛的学术上的共识和推荐。从建立全国层面的专家会到全国的一些学术讨论会，到区域的学术讨论会，到地区的城市的沙龙，院内的研讨会，再到科内会，一级一级地把疾病教育以及可用的临床诊疗方案传递下去。

第二点，主持多学科的研讨会。疾病诊断并不仅仅是临床本身，还有病理，还有影像科，还有相关的一些辅助科室。对这些科室进行疾病的认知教育和基本的诊断培训，让这些科室的医生在看到这种疾病时能够引导、推荐患者到正确的中心和正确的医生那里。

第三点就是技术化推广、技术化平台。B 公司做了一些 App，如就诊地图和诊断地图，把这个给到多个科室的医生，医生在碰到有相应的疾病症状的患者后，就可以直接把这个 App 转给患者，指导患者去找正确的医院和医生。通过 App 后台 B 公司可以看到哪些医生用的多，哪些科室用的多，就可以从大数据角度看到未来潜在患者集中在哪里，为下一步的疾病教育提供依据。

对于中国这么大市场来说，数字化是很重要的一个手段。数字化是一个低成本高覆盖的方案，可以结合传统的传播渠道一起来做疾病的教育。传统的传播渠道（social media）是低频次，但是广覆盖，数字化弥补它的不足是高频次，但每次都单覆盖一个人。可是，数字化通过高频次做到很多人同时在用，和一些传播渠道比如说电视台一次性集中播放疾病的教育相比，数字化从另一个角度解决了长期疾病教育的问题。

有了缜密的战略规划、多渠道的闭环整合营销，B 公司这一新产品的上市取得了不俗的成绩。第一年就实现了财务平衡，达成率是 120%，而且更重要的是实现了两个战略目标。第一个战略目标，相关疾病的诊断率从百分之十几提升到百分之三十几。随着药物可及性的实现，医生也更愿意去筛查和诊断了。

第二个战略目标，B 产品品牌市场份额在第一年提升了 10 个点，实现了从 0 到 10% 的跨越，同时对医生的观念的改变更是巨大的，超过一半的医生会优选该品牌。

2.2.3　学术推广之"战术"

学术推广不是简单地把产品资料提供给客户，而是需要在对产品的药理、药效、不良反应等特点综合评估的基础上，结合对目标人群的需求分析，找出产品利益点，从而形成一系列与之配套的产品宣传单页、视频、临床资料等。

学术推广主要通过专业媒体、学术交流、会议、线上和线下的拜访等形式向医生传播。近年来也开始通过科普教育的形式向患者传递有关疾病和治疗的相应知识，借以辅助针对医生的专业学术推广。

　　为了有效地做好学术推广，需要考虑多种因素，主要有：

　　第一、产品被批准的适应证（indication）和用法用量（dosage）：就是按医药产品说明书上注明的内容做推广，只能在被批准的范围内，不能超过，超过英文叫 off-label。学术推广必须严格按照被批准的范围做，哪怕在临床试验阶段有一定证据说明该产品对其他病症有一定的疗效，但只要没被药监部门批准，就不能对该疗效做推广。

　　第二、患者诊疗路径（patient journey）：除了流行病学的研究，了解患者生病后是如何得到诊断和治疗的，对选定医药产品的目标患者人群非常重要。患者通常会先去哪些医院、哪个科室，医生用什么手段确认患者患了这个病？医生通常会用什么药、什么治疗手段？目前患者的治愈情况如何，等等，根据患者诊疗路径，确定在哪里可以找到医药产品的目标人群。

　　第三、目标市场定位（market definition）。这是一个大题目，但也是医药营销必须回答的问题。定义目标市场从对潜在目标市场的分析开始，通过内部和外部数据的分析，把市场分成几块（segment）；排出在这几块市场中目标患者的需求是什么，有哪些竞品，市场有多大，竞品的优势和劣势如何，所推广产品的优势在哪里，一步步分析挖掘筛查，逐步选定目标市场，即在这个目标市场中市场足够大，同时产品具有较大优势。

　　第四、产品处在生命周期的哪个阶段？医药产品的推广很多在临床试验阶段就开始了，此时通过邀请潜在目标医生参与三期临床试验让医生通过实际疗效和数据，提高对产品的了解和认可。产品上市前后，需要与意见领袖和相应领域的专家多合作，通过他们的讲课对大批医生进行学术推广，提高医生对产品的知识和试用兴趣。等产品进入成长期，就要通过会议、科室会、活动等手段保持跟目标医生的学术推广频率，促进医生达成固定的处方习惯。等到产品进入成熟期，此时产品已在市场上有一定的品牌知名度、有一批认可产品疗效并会给患者处方的医生，学术推广的力度就可适当减缓，少投甚至不投。有些治疗常见病的处方药还可考虑转为非处方药，继续延续产品的价值。

第五、医生对产品的接受度（adoption level）：除了需要关注产品的生命周期，还不能忽视具体医生对产品的接受程度。像我们普通人接受一种产品一样，医生对医药产品的接受也会经历五个主要的阶段：了解、对产品发生兴趣、试用（偶尔处方）、形成处方习惯，扩大使用范围并向外推荐。根据医生对产品的不同接受度，医生关注的学术重点会有差别，学术推广的具体内容要有相应的变化。

第六、是否进医保或商保（商业保险）：医药产品的支付可以有三种途径，即个人支付、国家医疗保险（社保的一部分）支付，或者商业保险支付。通常在有替代药物的情况下，患者会先选择医保或者商保可以报销的药物。进入医保的药物的单价会受国家谈判或者招标采购的管控，药企不能自主定价，但销量有了一定的保证。所以，药企在制定营销策略的时候，进不进医保、进了后是否被集中招标采购是个重要的考量因素。除了医保，是否有商业保险可以覆盖？这些都是医药营销要考虑权衡的。

第七、具体是哪一类产品？第一章讲到医药产品有人药、兽药、器械、疫苗等多种类别，产品类别不同，学术推广的对象和方法也会有差别，在本章的下一节将具体讲述。

上述诸多因素综合分析和权衡的结果，决定了医药企业的学术推广之"战术"，即具体如何做学术推广，主要涵盖：

·在哪些市场做：我国幅员辽阔，地域之间疾病分布和经济发展水平等各有不同，目标市场是在一线和二线城市还是县域市场？面向三级医院还是基层医疗单位？

·针对哪类医生：哪些是目标科室？要面向临床医生、住院医生、护士？专家队伍（KOL，key opinion leader）的建设？

·针对哪些疾病治疗领域：如何布局治疗领域和产品线？哪些是重点产品？有些产品的适应证不止一个，如何取舍？

·传递的关键信息和学术依据：从临床试验证据和结果中提炼出如何简单有效地向医生介绍相应的产品。

·准备哪些宣传物料：宣传单页（Detailing Aid），视频（eDetailing）、医学文献、临床研究成果。

·搞哪些市场活动？如何搞？如何分工？是否要外协？

·销售团队如何推进？

这些工作绝不是靠一个部门或团队就可以完成的，医药企业通常需要医学部、市场部和销售部三方的通力协作，有时还会请咨询公司等外脑。

▓ 【案例4：对症下药】

外资药企Z公司有个药是一款吸入型药物，患者需要学习如何使用药物装置。在重庆的一些医院的住院部有很多适应证患者，但是在前期出院带药率很不理想，经过调查发现，医生由于工作太忙，下医嘱之后没时间教患者如何使用药物装置，所以这部分任务就交给了护士，而护士本身工作也忙，并且之前没有受过规范的培训，并不能很好地教会患者，甚至反而造成患者投诉。于是护士对医生建议换另外一种使用方法更简单的竞品，这样她们会轻松很多。但竞品从疗效上来看，没有Z公司的产品好。负责该医院的医药代表在了解了这个情况后，开始安排针对护士的培训，以及针对住院患者开展基本的教育，住院部的销量也有了明显的起色。

在进行学术推广时，医药企业应根据产品的特点，囊括更多的角色进入定位体系：医生，患者，药剂科主任，商业公司，甚至是护士。

■■ 【案例 5：市场有不同】

外资制药 E 公司有一个治疗阿尔兹海默症（俗称老年痴呆）的药物，在本土市场做得非常好。它在国内的学术推广做得非常专业，但销量却不是很理想。原因有这么几点。

第一、它刚进入国内市场的时候没有进医保。国家的医保资金有限，会优先考虑那些治疗常见病多发病的药物。没进医保，虽说 E 公司可独立定价，但销量受到影响。

第二、老年痴呆是个渐变的疾病，病程非常长，初期难以察觉，难以诊断，患者往往错过了最佳干预期。

第三、公众和医生对老年痴呆的认知有限，加上目前的医疗技术条件下老年痴呆不能被治愈，只能被延缓，E 公司很难让患者及其家属看到服用该药物的效果。同时，该药物一年的治疗费用相较请一个护工来照顾可能更贵，这就更难让患者家属接受。

虽然 E 公司在国内做了大量的医生和患者教育，但市场的接受度一直不温不火，慢慢地这个药就错过了一个最佳推广期。该药物没有足够的案例得到更多人的认可，没有树立起权威，在这个产品的推广过程当中热度没有。老年痴呆干预越晚效果越差，患者和家属看不到明显的效果，坚持用药的热情就会下降；处方该药的医生的热情也会下来，因为这个药如果很好，怎么没人用？整个销售团队的推广热情也会下降，谁也不愿意去接触它，慢慢它就陷入了一个平稳的僵局。现在，该药物进了医保，但是竞争产品也有了，有一个国内药企的治疗药物已经上市。

所以，学术跟推广结果有的时候是不一定成正比的。

2.2.4　学术推广之"合规"

商业活动应该遵循法律和法规的要求，医药行业对合规（compliance）尤其重视。对国家法律法规规定的红线，绝对不能触碰；同时，医药企业还制定了一系列内部管理的规章制度和流程，对自己企业的经营提出更具体更高的要求。鉴于医药产品的特殊性，医药行业的合规涉及从研发到生产到销售的方方面面，我们在此主要谈谈营销方面的合规。

一、宣传资料和礼品

这个方面的合规要求总的原则是要宣传教育疾病及其治疗方案，不能有非常明确的导向性的产品介绍。比如，药企可以给医院门口做一个宣传栏，可以介绍疾病，但不能介绍自己的药品。

药企可以送给医生一些平时用得着的小礼品，比方说听诊筒、笔、本子、即时贴，这种小礼品上面可以印一些产品的 logo，但不能过度宣传。同时，礼品的种类和单价也不能超出合规的要求。

二、会议和赞助

学术研讨会是医药企业常用的一种学术推广方式，这类研讨会可以在不同层级召开，比如全国、省，或者医院级别的研讨会；可以是医药企业自己组织、请自己的人来讲，也可以是自己组织、请外部专家来讲课；还可以是与专业学会或协会一起举办，或通过赞助的形式参加这些学会或协会组织的会议。另外一种赞助形式可能是直接给专家或医生的，比如赞助一个临床项目，赞助参加一个临床研究等。

所有这些方式都是可以做的，都是合规的，只要符合相关合规的要求。曾经赞助医生参加国际学术会议是合规的，但随着环境和合规要求的变化，当年阿斯利康宣布不再在全球所有国家赞助医生的这些海外研讨会，如今已成了各外资药企的通行做法。

作为学术研讨会，会议就应该紧紧围绕学术进行。会议地点不能设置在旅游城市，学术会议不能变相搞旅游；会议议程必须清晰明确，围绕学术，要预先得到合规部门的批准；参会人员必须实名制签到，差旅费自付；外请讲师的讲课费直接从公司账号付给讲师的银行账号，药企会按个调税的要求代扣代缴相应的个调税；会议研讨的内容必须是与疾病治疗相关的学术信息，不能讲药企的具体产品；会议餐标也要遵循公司标准，等等，都是有关学术会议的合规要求。

不仅有政策和规定，医药企业还做合规飞检，即雇请第三方公司到现场抽查会议的实际执行情况。飞检关注会议是不是如实按照计划举行，地点是不是按照既定的，会议讨论是否是已定的学术内容，会议日程是否按计划，等等。

医药企业也在利用 IT 技术手段加强对会议合规的管理和监控。例如，有医药企业要求学术会议的计划和执行都在活动管理系统中录入，会议当中还必须拍一段视频和几张照片在规定的时间内上传系统，会后必须如实在系统内反馈会议执行情况，报销时经理有责任核对相应的凭证，等等，以便尽最大可能让合规可追溯、可管控。

三、学术推广

学术推广需要严格按照被批准的适应证（indication），不能扩大（off-label）；所有临床数据和引用的文献资料都要有明确的出处；针对医药产品提炼出的产品推广信息都要经过医学部的合规确认，不能拔高。

医药代表在跟医生的学术沟通当中，可以介绍自己的产品，但必须按照被批准的适应证，也不能过于强调效果。效果还要拿数据说话，不能是自己觉得如何。

医药企业可以赠送一些医药产品的样品给医生，让医生试用，以便医生通过实践了解产品的治疗效果，积累使用产品的经验。样品的使用需要医生有详细的记录：患者姓名、诊断结果、医嘱、样品的批号、处方量等，做到可追溯。但从另一方面来看，送样品也有可能被利用作为一种"贿赂"医生的手段，因此现在医药企业送样品的做法已不太被使用了。

合规就是在推广的过程当中，既要把产品介绍给医生，但同时又不能夸大，还要有严格的数据支持，还要以合理的方式进行。另一个方面也要注意，医药产品因为上市时间较短、患者基数小等原因，不一定有大量的临床数据，而且有些数据可能是从国外的期刊上面拿过来的，因为人种、生活习惯等因素不一定完全适用于国内的情况，所以在推广时要多加注意。药企的合规在专业层面也有很细致的要求。

再以产品包装为例。①产品包装企业可以自己设计，但产品名称必须是产品通用名（即化学名）在前，商品名（即品牌名）在后，且通用名的字体大小要是商品名字体大小的两倍。②产品包装中必须放产品说明书，而且产品说明书上的每一个字（包括公司名、公司地址等）都必须跟药监部门批准的一致。任何有关产品说明书的更改，都必须经过药监部门的批准。③每个独立的产品包装上都必须有条码，不管是小包装、中包装、还是大包装都要有，以便可以全程追溯。

四、费用和报销

在这里的合规要求也非常明细，几乎所有能想到的各类与业务相关的费用和报销的规章制度都制定了。比如，对人均用餐标准都有明确的规定，会参照各地的平均消费水平。付款时，许多公司要求用公司给个人开的银行卡付账，否则不予报销。报销时，除了正规发票，还要附上点的菜单、客户方和己方参加人员名单，有的还要求附上一张能看清所有与餐人员的照片。

再比如，利用医生中午吃饭和休息时间搞学术教育是常用的学术推广方法，这样做医生不太可能有时间吃饭，所以医药代表通常都会给医生准备午饭。对此午饭，药企也有明确规定，通常只能请几十元一盒的盒饭，还要附上全套报销证据。

针对学术推广会议，有些药企不仅仅要求报销时附上照片，还要附上一个十几二十秒的视频，以便进一步杜绝作弊的可能性。除了实施相应的计算机管理系统来对会议和活动做到有计划、有审批、有事后监控外，还安排专门针对报销和费用的审计，尽力做到合规。

以上只是从跟营销相关的几个常见领域，举例说明医药行业在合规方面的一些规定和实践。从中可以看出，这个行业很专业，也在努力自律，同时投入了很大的人力物力来管控自身的合规行为。

除了企业自身的合规管控，外资药企在国内成立了一家行业协会叫RDPAC（R&D-based Pharmaceutical Association Committee，中文全称"中国外商投资企业协会药品研制和开发行业委员会"），它们也在帮助行业合规方面开展了相应的工作。针对国内公众和媒体对医药代表工作的误解，针对有些医院禁止医药代表进入的规定，RDPAC借鉴国外医药代表认证制度，在国内制定了《药品推广行为准则》，首先要求会员企业的医药代表要通过RDPAC的培训，得到认证，以此规范医药代表的推广行为。

RDPAC的《药品推广行为准则》会紧密结合当前合规推广的做法和趋势每年更新，对很多推广行为都有具体化的描述与解释，无论对外资、合资药厂还是内资的医药代表来说，都是一份难得的行为约束指南。

合规是个持续长久的工作，医药企业在全公司范围建立起了一整套合规体系，主要包括：

· 组织保证：建立合规等相应的部门，有专人负责。

· 制度保证：制定严格的各类合规制度，涵盖合规行为各个方面，订立相应的合规分界和流程。

· 员工保证：定期对员工做合规培训，员工签字保证遵守公司的合规要求。

· 合规审计：企业主动对合规情况进行内部审计，包括对第三方服务商的合规抽查，以及对发现风险和错误并进行整改。

·尽职调查：对经销商、代理商、服务商等第三方机构进行尽职调查，同时告知本企业的合规条款，第三方也要承诺遵守合规条例。

·举报：设立匿名举报电话，接受监督和举报。

·持续评估和改进：根据国家政策和企业实践不断更新完善合规体系。

为了更好地在医药产品的推广过程中保持合规，医药行业对此做了很多努力。比如，RDPAC制定了医药代表合规守则，医药代表经过培训后要签署合规承诺；一旦发现不合规的问题，就会及时处理，淘汰有严重违规行为的个体。

毋庸置疑，学术推广对医药产品的正确使用、对给患者提供有效的治疗方案、对医疗质量的提高是一个不可或缺的环节，但在实际操作中也出现了一些问题。最受公众诟病的就是带金销售。造成这些问题的主要原因有：

1. 医药代表从业者中有些人没有相应的医学或药学专业背景，无法跟医生在学术上进行沟通。

2. 药企对医药代表的专业知识培训不到位。

3. 仿制药企业本身没有太多专业研究，无法提炼出有效的学术推广内容。

医生需要了解最新的学术进展和治疗手段，需要了解更多有关医药产品的知识，药企的学术推广是个重要的渠道。关键在于要让学术推广守住初心，做好管控，而不是简单地不让医药代表进医院。

【案例6：合规很重要】

2014年9月，发生了一家外资制药公司因对非国家工作人员行贿罪而被判处罚金的严重经济犯罪案件。

案件曝光后在业内引起很大震动。作为整改措施之一，该公司中国分公司改变了对医药代表的业绩考核模式，取消了对医药代表销售量的考核指标，将学术推广的行为作为唯一考核标准。为此，该公司加强了对医药代表的医药知识培训，定期考核医药代表的产品知识，考核他们对医生的学术推广次数，等等。

2.2.5　学术推广之"供应"

学术推广是从医生端创造需求，相当于供需关系的"拉"，即拉动需求；要最后成交，还需要保证医药产品的供应，相当于供需关系的"推"，即推动进货。一拉一推之间，保证了产生需求，满足需求，保证供应，促进供需的互相转化，形成供应链的良性循环，达到传递价值，价值变现的营销目的。

医药产品的制造生产企业一般不会直接将产品卖给终端医院或者药店，而更多的是采用渠道或者经销商和代理商体系。由于历史的原因，我国的医药经销商体系曾经比较散、小、行业集中度不高，主要覆盖区域市场。制药企业将医药产品先卖给一级经销商，再由一级经销商往下卖给二级经销商、二级经销商卖给三级经销商、甚至到更下一级的经销商。每级经销商同时也会直接供药给终端。

这种多级、交错式的供应网络对医药产品的流通管理和追踪提出了巨大的挑战。由于流向的追踪通常只能到一级经销商和二级经销商，再往下很难搞清楚，再加上经销商卖得越多受益越多，带来的后果就是窜货和价格混乱。医药企业对产品的市场需求就不能很好把控，无法合理地安排生产或进口；不能很好地保证终端供货充足；不知各级经销商到底有多少库存，有多少产品已近失效期。

国家行政管理部门这些年一直在通过各种政策和引导来促进医药商业企业的融合。例如，通过 GSP（good selling practice）认证，淘汰不合

格的商业企业。通过实行两票制（double invoice）缩短医药产品从厂家
到终端的中间层级，减少流通环节的成本。2016年开始实行的"两票制"
是指药品从药厂卖到一级经销商开一次发票，经销商卖到医院再开一次
发票，以"两票"替代以前常见的七票、八票，减少流通环节，并且每
个品种的一级经销商不得超过两个。

外资医药企业在进入中国市场后，为了流向管控和合规要求，一开
始通过内部审计和第三方飞检（不定期抽查，甚至现场查验）来检查，
后来又跟第三方合作促进与经销商自身 IT 管理系统的数据交互，再到建
立 IT 系统实行数据的直连和自动检查，将渠道销售流向的反馈时间从两
三个月缩短到一天甚至实时，极大地提高了管控效率。

2.3　医药产品营销的模式

医药产品涵盖面很广，根据产品类别不同，学术推广的对象和方法
也会有差别。本节针对常见的几种类别讲讲相应的营销模式。

2.3.1　处方药的营销模式

处方药（Prescription Drug，简称 Rx）的学术推广模式是医药产品推
广模式的典型，当年外资医药公司进入中国时，首先开始专业化学术推
广的就是处方药。不过，在国内的处方药推广，跟国外又有差别，而且
随着国内医疗环境和政策的变化也在具体做法上不断推陈出新。

做学术推广的处方药产品通常具有以下几个特点，一是专注于某个
治疗领域，而且在这个治疗领域有大量的临床数据做支撑。二是产品质
量过硬。三是学术推广队伍专业，可以跟医生进行专业上的沟通和服务。
四是每个品种都有明确的定位和目标，学术推广活动的目标也很明确，
对产品附加了很多内容，强化卖点，比如在这个领域某种病的治疗方法。

循序渐进地改变医生的诊疗观念，这个观念包括疾病方面的，治疗手段方面的，最后才是产品方面的。并不是简单劝说医生开处方，而是拿出让医生信服的信息和数据，获得医生的认可。

为了开展临床试验，为了验证治疗方案和学术推广的针对性，为了更好地向医生宣传医药产品，医药企业通常都会跟专家合作，并建立自己的意见领袖（Key Opinion Leader，即 KOL）。这些专家或 KOL 会协助药企做一些针对医生的宣传教育活动，但都只讲相应的学术内容，不会针对特定的产品做推广。这样做，保证了医生得到最新的治疗理念和治疗方案的培训，而不是产品销售的宣传。

处方药推广的前提是进医院，即相关的医药产品先要能在医院列名（Listing），然后医生才能开处方。国内的医疗市场大部分是公立医院，医生是公立医院的员工，所开的处方通常要在医院内药房拿药，若药品未进医院，那就不能开处方，或者说开处方了也没用。同一通用名下的药品，医院通常不会只进一种商品名的药，医院曾经按一品两规来处理，即同一通用名下的药品进两个品规，一个是外资药企的药，一个是内资药企的药。不过，集中招标采购后的产品，医院要按集采中标的结果进药。

医药产品进了医院并不是万事大吉，还要争取医生尽量开自己的处方。这就要对医生做学术推广，做宣传教育，做服务和跟进。医生处方药品的原因很多，大致有：

·药品对症。

·没有更好的选择。

·医保／社保用药。

·药品疗效与价格之比相对合理。

·相对更方便和安全。

·对此药有好的临床使用结果。

- ·患者要求。

- ·有获取医学信息的机会。

- ·认可医药代表。

- ·科主任或上级医师的要求 / 会诊专家的建议。

- ·从众心理。

- ·科学研究，了解新的治疗方法和手段。

由于疾病的复杂性以及处方药的药理药效不良反应，为防止处方错误，药剂师是医生处方的审核者。当患者去药房取药时，药剂师要根据医生对患者所患疾病的诊断来审核所开的药品是否有不当之处，剂量是否正确，多种药品之间是否有相互作用，等等，审核无误后方可发药。同时在发药时标明用法用量，并对患者用药给以指导。同时，医院药房还肩负着把控医院药费开销的职责。药房需要监控药品的使用情况，药费占整个诊疗费用的情况（药占比），帮助医院控制药品开支。一旦某些药品的处方过大，药房就可能启动控费（控制费用）、限方（限制处方）等措施。

处方药的营销对象主要是医生，营销方法主要是学术推广，营销的目的是争夺医生的处方权。但是，进医院是前提，这是保证处方上量的基础；同时，还需要对药剂师进行相应的教育和培训，保证患者用药有效、安全。

最常用的处方药学术推广模式是拜访、科室会、院内会、院外会等。但学术推广不是仅限于开会，而是多渠道整合传播，包括专业杂志广告，专业协会和专家公共关系的维护，临床试验的设计实施和推广，继续医学教育征文活动、公益活动和事件营销，发起或参与政府慢病防治计划和流行病防治计划，争取临床治疗指南的修订等。但不管是何种形式，关键是要遵循专业性、有效性的原则。

学术推广模式需要长期持续的投入，在处方药专利保护期过后，面对仿制药市场，需要考虑采用变通的模式，外资药企为此做了不同的探讨。比如，在仿制药市场延续学术化推广模式的基础上，城市核心市场仍然以自建队伍营销模式为主，其他市场辅以招商模式，通过跟第三方的合作将产品推广到三四线城市、社区卫生中心以及广阔市场，让自己的产品下沉到基层市场。或者，直接外包代理权，把整个产品的代理权交给第三方公司来营销。随着互联网和移动应用的出现，处方药的学术推广手段也在不断更新，药企开始采用线上、线下混合的模式，跟经销商合作的模式等，密切跟医生的学术交流和服务。

伴随国家集中带量采购的推行，药企的利润空间被压缩，相应的处方药推广模式又处在不断变革中。一方面，有些药企在裁撤销售队伍，另一方面，有些药企还在扩招；有些药企采用以价换量策略，另外一些药企则放弃医院市场，转战零售市场；还有些药企在布局新产品的研发和上市。不管采用何种手段，处方药都需要让医生了解药品的专业知识，才能保证医生有效安全地治疗患者。

下边我们来看看近几年出现的处方药推广新模式：

一、处方药零售：如今，处方药不仅仅在医院配药，患者还可以到药店去配药，特别是未纳入医保范围的自费药。借助多年在医院市场经营得到的品牌知名度和患者忠诚度，以及随患者富裕程度的提高，转战零售市场的处方药有一定的优势。不过，对于大部分以医院市场作为主要市场的处方药药企来说，缺乏对零售市场的深入了解以及经营零售市场的经验，相应的营销模式转型挑战不小。

除了从医院市场转战零售药店的处方药，创新的肿瘤药由于通常不在医保支付范围内，医院也不会进药，从而也会在零售药店进行销售。患者拿着在医院里医生开的处方到指定的药店去买药，肿瘤药的厂家会选择有限的零售药房或者叫 DTP（direct-to-patient）药房来销售自己的产品。这些 DTP 药房除了正常的零售药店功能外，它会提供给患者一些额外的服务，比方说会提醒患者怎么去用药；或者如果是一个注射药，它提供免费的注射服务；或者提醒患者药该用完了，要来续方等。

二、电商：互联网医院和网上药店的出现，为处方药提供了新的推广渠道。同时，传统的医药产品经销商也开始试水线上模式，并利用配送手段直接向患者供药，即实现 DTP（Direct-to-patient）。按照国家网络上处方药销售的相关法规，首次在电商处购买处方药时需要出具医生的处方便签。当然，OTC 药在电商平台购买没有此规定。

三、营销外包：CSO（contracted sales organization）是专业的医药产品营销公司，它们通常没有自己的产品，通过跟多家医药产品生产企业建立合作关系，得到相关医药产品独家或非独家代理权，然后在给定的市场推广相应的产品。它们代理的产品一般是过了专利保护期，因招标等因素价格较低，原厂商自己不再做的产品。CSO 通过将各家医药生产企业的产品合理组合进行推广，实现自己的营销目标。

四、整合方案营销：学术推广以前仅注重对医药产品自身的学术宣传，近年来医药企业开始提出要给患者提供解决方案，即从诊断到治疗的全方案。大家都知道一个道理，就是疾病要早发现早治疗。但要做到早发现就要有相应的诊断手段，可有些疾病比如肿瘤往往早期很难识别，等发现时已到晚期，失去了最佳治疗时机。或者是罕见病，因为他们的患者数不多，其实有时是因为能诊出这个病的手段不多，有很多的人会被误诊。制药企业的一个解决方案就是跟基因检测公司或者试剂检测公司合作，提高疾病的诊出率，使相应的患者能够尽早得到治疗。

▓ 【案例 7：开辟新市场】

外资药企 G 公司的 AT 是一款用于治疗急性卒中的静脉注射用药，能有效提供卒中发病 3 个小时内的溶栓治疗，以提高患者的治愈率，降低患者机能丧失的风险，提升患者的愈后和生活质量。

AT 在 1995 年刚进入中国市场时，侧重于急性心肌梗死的治疗。但随着介入治疗方法即心脏支架的普遍使用，AT 遇到了严峻的挑战，销量下挫严重。

AT 的适应证里有脑卒中的治疗，只是到那时为止急性心肌梗死的治疗是 G 公司在国内重点推广的领域。在该领域遭遇强有力的竞争后，G 公司开始研究该产品用于急性脑卒中治疗的推广方案。

推广碰到的第一个问题是医生教育。那时的医生不了解急性脑卒中将如何有效干预和治疗，而 AT 的治疗有效时间窗口只有 3 个小时。所以，G 公司在当年进行了大量的医生教育，包括把外地医生请到上海来参加专家的培训，这在当时是笔不小的开销，直接拉低了 G 公司当年的销售利润。

推广碰到的第二个问题是治疗流程。为了争分夺秒争取患者能在黄金 3 小时内得到诊断和治疗，G 公司开始深入医院，帮助医院建立从接诊、到诊断、到治疗的相关流程和 SOP（标准治疗流程），以便患者可以得到快速的诊治。

这两步后的结果是 AT 的销售额年年稳步增长，年增长率保持在 30% ~ 40%，在挽救更多脑卒中患者的同时，也给公司带来了可观的收益。

G 公司并未止步于此，它又做了两件事。其一，就是继续通过临床实验研究 AT 治疗脑卒中的有效性，发现它在 4.5 小时内都能有效溶栓，并根据科学的数据向药监局申请更新 AT 的适应范围。此举不仅使更多的患者受益，也给 G 公司带来了经济回报。其二，就是在上海浦东建立了脑卒中治疗和教学研究中心，继续在这一领域深耕。

2.3.2 非处方药的营销模式

由于患者不需要医生处方就能购买非处方药（Over the Counter，简称 OTC），患者因此不需要去看医生，可以直接去药店购买，非处方药的营销就与处方药不同。

首先，非处方药不受处方药的限制，它可以在大众媒体做广告，就像其他消费品一样，直接面对最终买家。不过，非处方药的广告，不管是宣传单页还是推广资料，都必须按照广告法进行备案审批，拿到广告登记号。

非处方药的大众媒体广告需要用一句话强调药品的适应证和疗效，配以图文、视频，以便消费者容易辨识，能够对症买药。影响消费者购买产品的主要因素有：

·广告：如电视、报纸、电台、杂志、户外媒体（路牌、车身广告、明墙广告等）、IT 网络等广告的发布。

·药店终端（卖场）的现场产品讯息宣传广告，如终端卖场 POP 广告、产品橱窗广告、店堂内外灯箱广告、店招广告等。

·药店终端（卖场）产品本身形象产生的广告，如吸引消费者的产品外观设计，产品陈列的广告效应，产品堆头的广告效应，产品特色陈列摆放等。

·终端药店现场促销活动及促销人员对消费者及时购买冲动产生的影响效应。

·OTC 代表的医学、药学专业知识，对店员、对消费者、对产品认知的影响。如药店内营业员，药店诊所的医生，医院的医生等。

·具有一定信任度的服用过药品的消费者对产品疗效的认识和经验对消费者的影响。

·对消费者而言，药品说明书是除医生、店员之外了解药品信息的一个重要渠道。

药企需要确定 OTC 产品的竞争策略。价格优势是一个竞争优势，但从长期来看，还是要靠品牌竞争，要在消费者心目中建立自己的品牌地位，以便形成消费者对 OTC 产品的品牌忠诚度。建立 OTC 产品的品牌，一是需要聚焦到 OTC 产品的优势区域。OTC 药品基本都是来自临床用药，有现成的数据和案例做支持，效果会更好。

二是需要对给消费者提建议的人进行学术教育。消费者更多的用药来自于医生的指导，医生可能是医院的医生，也可能是门诊部的医生，还可能是药店的促销人员，药店的坐堂医生。大部分消费者因为对治疗手段还是一知半解，再加上同一品类的药很多，如有问题就会咨询他们见到的医生。

三是需要对消费者进行健康教育。要做好在研究消费者用药需求的基础上开展健康教育工作，不同地域可能有不同的社区，因为所住人群的不同，对健康有不同的需求，所以不能千篇一律地去讲健康教育，而是要通过调查研究，针对自己生产的 OTC 产品所治疗的疾病采用不同的健康教育内容。通过有计划有系统的教育活动，可以促使患者或其家属自愿改变不健康的行为和影响健康行为的因素，同时也帮助患者更有针对性地选择 OTC 药物。

OTC 药品如能建立起良好的品牌，就可以采用广告引导，渠道铺货，没有终端人员即 OTC 代表跟进的营销模式。这种销售模式的主要策略就是品牌竞争，通过前期临床用药奠定的品牌基础，再通过后期的广告宣传扩大品牌的影响力，销售处于自然发生状态。

在国内，OTC 也可以通过医生处方，在医院药房配药，医生开的 OTC 药品对患者影响很大，患者再去药店买药时，十有八九会选择同一种药。不过，非处方药的主要销售场所是药店，因此，非处方药的推广重点在药店和店员。药企通过店员教育、陈列宣传、促销活动等手段进行营销。

从药店角度来看，为了吸引消费者到店，药店采用了会员制，科普教育，额外服务如 AI 眼底筛查，促销等手段。目前，互联网药店也已出现，我们可以直接从网上购药。

补充一点，OTC 药也分为两类，红色 OTC 是指甲类非处方药，绿色 OTC 是指乙类非处方药。甲类非处方药需要去药店购买，要在执业药师的指导下使用。而乙类非处方药安全性更高，不良反应更小，因此可在药店以外的地方贩卖，例如超市、商店、宾馆等。

■ 【案例 8：营销见差别】

感冒是一个常见病多发病，治疗感冒的药物很多，大多是 OTC 药物，去药店一看整个感冒药柜台陈列得琳琅满目。如何能吸引顾客的注意，让顾客能够很方便地记住自己的特性，各家感冒药生产厂商纷纷搬出十八般武艺。

感冒了会很不舒服，头昏脑涨睡不好觉，吃了感冒药可能更加昏昏欲睡。有家国外药企就主打这一点，推出了两色感冒药，是首个将"白天用日片不瞌睡，晚上用夜片好好睡觉"用药理念植入消费者心中的一个品牌。

后来有家国内的制药企业也上市了一个类似的感冒治疗药物，他们参照了该外资药企的市场营销打法，但做到了青出于蓝而胜于蓝。首先，他们把药片本身做成白片和黑片。第二，他们药品的商品名体现了黑夜、白天交替用药理念。第三，他们的宣传语中也体现白天用白片，晚上用黑片用药理念。这看似没什么创新，但用黑白两色取代国外药企产品的橘色和蓝色，就是一个非常好的突破。有些患者服用该外资药企的两色感冒药时不记得哪种颜色该白天服，哪种颜色该晚上吃？每次都得看说明书。曾有位老师有次匆忙当中用错了药，结果白天给学生上课大受折磨。如果改成与黑夜、白天的用药时间对应的黑片和白片，患者服药时还需要看说明书吗？还会吃错吗？而且药名直接体现用药理念，念起来朗朗上口，又跟药品的疗效很贴切，一下子消费者就能记住了。

其实，外资药企在设计日夜服用的感冒药片的橘色和蓝色的时候，它想着用橘色代表太阳的颜色，用蓝色代表月亮的颜色，这不就分别表示白天和夜晚了嘛。但不是所有人都会这么来看待的，它想表达的不够简洁直接，因此人们还是会混淆。反过来用白、黑色药片区别就很简单明了，白天就是白色，黑夜就是黑色，根本不用你去教育，消费者也能记得住。这两个产品孰的营销更高明，相信读者已有判断。

■ 【案例 9：Rx 改 OTC】

一个新药被研发上市，都是作为处方药进入市场的，在被医生逐步接受进入成熟期之后，随着科技的进步，其他治疗手段的发展，产品的销售会进入一个衰退期。处方药进入衰退期以后应该怎么办？

Z 是一家英国的制药公司，产品覆盖了很多的治疗领域，其中消化领域是他们的一个强项，一个明星药曾是 S。S（通用名"奥美拉唑镁"）是用来治疗胃食管反流的药物。在 S 上市多年进入成熟期后，Z 的一个新产品 N 即将入市，可以说它是 S 的一个"竞品"。S 本身是一个不错的药品，如果就此退市，显然不合算。所以这家外企中国公司决定将 S 10mg 转化成 OTC 药物以便进入零售市场，让它继续发挥余热。S 已上市多年，有大量的临床案例支撑，加上胃酸反流有一个烧心的症状易于被患者察觉，所以这家药企的申请得到了药监部门的批准，批准的适应证是"胃酸过多引起的烧心和反酸症状的短期缓解"。

为了 S 10mg 作为 OTC 重新入市，这家药企做了一系列准备工作。首先，组建了专门的销售团队，实施了相应的 SFE 管理系统；其次，通过经销商大量造势，让经销商和零售药店了解这个药物。第三，开始在大众媒体上做广告。在零售市场胃酸治疗领域，这家药企直面的一个竞争对手就是一家德国制药公司的达喜。达喜（通用名"铝碳酸镁片）已经广为消费者所熟悉，而这家英国药企因为一直做处方药，不在大众媒体上露面，所以不管是公司还是产品，消费者都不熟悉。打开市场的难度很大，但这是处方药进入成熟期后期一种营销转型，需要持续地投入并假以时日，才能有市场知名度和接受度。

2.3.3　医疗器械的营销模式

医疗器械通常是由医生、护士在医院里使用的，因此医疗器械的营销与处方药的营销有类似之处，比如面对的营销对象主要是医生，营销方法主要是学术推广，营销的目的是争夺医生的处方权。

但是，医疗器械的营销与处方药的营销也有不同之处。首先，医疗器械的使用可能需要专门的培训，如心脏支架的植入，医疗器械的生产企业要对医生做相应的培训和模拟操作，医生做手术时还会有专人跟台，协助医生做好相应工作，给医生需要的指导和帮助；第二，医疗器械的使用有的需要辅以专门的工具，如心脏手术需要专门的手术刀，需要有导管等耗材。因此，医疗器械的营销需要提供整体解决方案，而一旦医生形成使用习惯就不会轻易改变。

医疗器械中的低值耗材，如药棉、包扎带等，一般不需要做学术推广，只要做好客户服务即可。

随着目前国家集采政策规定的推进，医疗器械中的高值耗材首当其冲受到招标政策的影响，价格降幅超过 50%。

▨ 【案例 10：学术有多样】

我们去医院看病，医生可能先让我们去验血，然后根据验血结果以及其他的一些诊断，给我们开药或治疗。化验室的检测质量与效率对于患者获得有效、及时的临床决策与最佳治疗至关重要。静脉血是临床上普遍使用的方式，据统计，静脉血血液样本不合格率在 0.63% ~ 10.06% 之间。保证静脉血液样本质量，确保临床检验结果准确是目前检验领域的重要课题。

静脉血标本的检验过程包括检测项目的选择和申请、标本采集，运输、处理和分析，以及最终的结果报告和解释，这些步骤都可能出现差错。近年来，随着分析技术、仪器、试剂的可靠性和标准化水平的不断提高，检验过程中的错误发生率已大幅降低。目前，分析前阶段已成为实验室错误的最主要来源。研究表明，70% 的检验结果错误源于分析前阶段，包括患者准备、样本收集及样本运输等。而这一阶段处于实验室之外，往往缺少考核指标，质量控制较难实施。

参照国际上的经验，2017 年 1 月 15 日，国家卫健委发布了中华人民共和国卫生行业标准 WS/T496-2017《临床实验室质量指标》，并于 2017 年 7 月 1 日起实施。文件中规定了临床检验质量水平持续改进所需的具体质量指标，共包含 28 项，分析前 12 项，分析中 8 项，分析后 5 项，支持过程指标 3 项。另外还定义了 16 项参考指标供实验室选择性使用。

在此背景下，外资医疗器械公司 D 公司在国内某省通过与多家医院和专家的协作，达成《xx 省不合格静脉血液样本量化指标管理共识》（以下简称"共识"），将静脉血液样本的质量管理落实在具体的过程管理和衡量指标上。《共识》涵盖如下几个主要方面：

·不合格静脉血液样本的类型：共定义了 20 种。

·静脉血液样本质量影响因素：分为受试者/采集/样本运输，存储及预处理相关因素三类共 14 种。

·静脉血液样本的质量 & 管理建议。

·定义了 20 种不合格静脉血液样本的质量指标及计算方法，以及如何取得基准值。

·制定了相应的管理组织机构，管理规范和处理流程。

·介绍了质量管理的一些有用的工具和应用。

达成《共识》后，该省开始在几家医院进行试点，并计划在试点的基础上逐步推广到全省所有医院。D公司有计划将它一步步推广到全国。

该项目的实施具有多重意义。首先，对于检验科本身而言，质量指标将分析前阶段最重要的影响因素进行了汇总归类，并通过统一计算方法，使其可以进行量化管理。量化的质量指标方便了不同医院检验科之间进行横向对比，帮助了解自身的不足与优势，便于有指向性地改进。

对护理工作者而言，通过对不合格样本发生情况的持续跟踪，可以帮助提升采血时遵循标准操作的意识，从而提升样本合格率，减少因样本不合格而带来的医患矛盾。同时，在临床医师的日常工作中，通过对样本质量更严格和规范的管理，可以保证检验结果的准确性和可靠性，提升基于检验结果的临床决策的正确率，避免误诊误治。

医疗服务质量的提高最终目的是造福患者，减少不合格静脉血液样本的发生可以减少重采给患者带来的痛苦、治疗延误和经济损失。因此，不合格静脉血液样本的量化管理对于全面提升医疗和护理质量具有重要的意义。

对D公司来说，通过该质量指标和管理项目可以在帮助医院建立静脉血液样本质量管理规范和流程的过程中，加强跟医院检验科和专家的合作，同时通过质量监控数据的收集和分析，用事实证明自己的产品更能保证静脉血液样本的质量，进而促进自身产品的销量。

2.3.4　疫苗的营销模式

疫苗与药品和医疗器械不同，它是用来预防疾病的发生，因此走的是疾控中心（Center of Disease Control，简称CDC）这条线，而不是医院，而且接种点通常也在基层卫生中心。

我国的疫苗按支付方式分为两类，第一是一类苗，即免费疫苗，通常用来预防重大疾病的发生，如新生儿出生后所注射的各类疫苗，这些疫苗是强制性的，孩子是一定要接种的。第二类是自费疫苗，如预防病毒性感冒的疫苗，就由公众自愿选择，自费接种。一类苗由国家计划并采购，疫苗生产厂家负责生产和投标，中标后负责生产和供应即可。二类苗由企业主导营销，政府监督销售行为和运输过程。

无论是计划免疫疫苗还是非计划免疫疫苗，整个营销过程都受 CDC 体系的严格控制。除了国家级 CDC，各省市也都有相应的 CDC，下辖接种点（Point of Vaccination，简称 POV）。疫苗生产企业的产品营销，特别是自费疫苗的营销，通常包含如下几个主要工作：

一、投标：不管是一类苗还是二类苗，都需要投标。中标后一类苗基本不存在准入的问题，但二类苗有时即使过了省级 CDC 的招投标门槛，仍然存在各地市的 CDC 准入问题。

二、供应计划：跟各级 CDC 就采购数量和频次达成一致。

三、接种点的推进：真正的销售还要靠各个接种点完成，还要经过一系列的工作进入接种点。比如说向接种点的医生讲解疫苗的优势，使用方法，注意事项、安全性、免疫原性等。

四、做好长期的和常规的客情维护：尽可能掌握接种点所管理的社区的人口出生情况，儿童情况，竞品的市场活动等。注意观察疫苗使用的安全情况。

五、做好公众教育：通过医生或者社区管理部门等向公众宣传疫苗，跟各级 CDC 的日常或者常规工作结合起来，不定期地举办市场活动，提升企业的品牌知名度和美誉度。

2.3.5 诊断试剂的营销模式

诊断试剂有广泛的用途，我们经常碰到的诊断试剂是医生要我们去化验时。其实，还有些诊断试剂是用在药品研发过程当中，帮助科研人员加速试验的过程或判断试验的结果。

诊断试剂属于耗材，通常有配套的诊断设备，诊断试剂生产厂家通常都是既生产设备，也生产试剂。诊断设备和试剂的销售主要是通过经销商完成的，厂家更多的是负责客户服务和设备维护。

2.4 医药产品营销的组织

既然医药产品营销的核心是通过学术推广进行价值传递，在具体的营销过程中又要考虑诸般因素，那医药产品的营销就不是靠几个人或者是一个团队就能完成的，它的实现需要多个团队，多个职能部门的通力配合。

本节我们就来谈谈医药产品营销的"多兵种"。需要指出一点，本节主要涵盖与医药产品营销相关的部门，主要是从职能上来划分，具体名称和分工在业内具体的公司里可能有不同。

一、药企医学部：

我们本章第一节谈到，医药营销的核心是"学术推广，价值传递"。那么，"学术"从哪里来？就是从医学部来。医学部根据医药产品在临床试验以及临床应用中的反馈，准备各种针对性的研究文献、资料、临床数据、科技前沿等，以便学术推广人员可以提供给相关专家和医生。

医学部也负责解答医生针对产品的疑问以及使用中出现的问题。另外，医药产品临床应用过程中的不良反应信息的收集和监控也是医学部的职责。

医学部并非一直处于后台，在医药产品学术推广的前台也能见到他们，比如在内部和外部的产品培训会议上，在跟协会合作的项目上，以及在跟专家的会谈中。KOL 的培养和管理也是医学部的工作。随着公众受教育程度的提高，医学部也会参与患者教育项目，帮助向大众普及医学和疾病治疗的常识。

随着市场竞争的加剧，有些公司的医学部开始设立了 MSL（Medical Science Liaison）职位，跟医药代表一起深入医院，直接跟医生进行学术交流。

概括成一句话：医学部在医药产品学术推广中的职责是"提供学术支持"。

二、药企市场部：

医药产品也和其他产品一样，光有技术和产品还不够，还需要找准目标市场，并制定相应的营销策略。在医药行业，这是市场部的工作。市场部的主要工作包括：

·**市场分析：**市场部借助大量的外部数据，如国家宏观经济数据、疾病谱和发病率、人口结构，治疗手段和提供者，竞争产品的优劣势等，对所面对的市场进行深入的分析。

·**产品分析：**自家产品的适应证、市场接受度、成熟度。

·**制定市场策略：**通过市场分析，结合医药产品被批准的适应证和治疗方案，市场部要决定目标市场在哪里？是哪类医院、哪些科室？

·**提炼学术推广的信息：**从产品特点、医生认知、竞品优劣、患者受益、社会效益等多个方面考虑，提炼出学术推广的关键信息，设计相应的产品宣传资料。

·**设计市场活动：**为了将市场策略落地执行，市场部还需设计一系列的推广活动，如医院科室会、患者教育、分享会，等等，并与销售部门合作推进市场活动的执行和跟进、改进。

·跟踪、回顾、调整：根据各类反馈不断改进提高。

国内大的医药企业会设立中央市场部和地方市场部，以协调统一公司市场策略的制定和落地执行。

概括成一句话：市场部在医药产品学术推广中的职责是"制定市场策略"。

三、药企商务部：

像很多行业一样，医药行业也会使用渠道，即经销商和代理商；与其他行业不同的是，医药行业的经销商和代理商更多的是负责向终端（医院和药店）供货，而不是销售，也就是说，渠道是保证医药产品的可及性。医药企业内管理渠道的部门是商务部，它负责医药产品的市场准入和渠道供应。

商务部的主要工作包括：

1. 渠道管理：

·选择经销商：要考虑经销商的资质、医院资源、配送能力。国家实行两票制后如何取舍，如果调整经销商策略？

·经销合同的谈判和签订：经销商要按合同供应医药产品给医院和药店，比如零售价全国统一管理，不能由经销商自己决定。

·订单的下达、执行和回款管理：签订经销合同后，经销商会根据实际出货情况向医药企业下达采购订单，由药企发货给经销商，并根据经销合同管理发票和回款。

·经销商数据收集：经销商要及时向药企提供产品的进、销、存数据，现在很多大的经销商有自己的 IT 信息管理系统，很多开放给药企可以实现数据的实时提供和跟药企 IT 信息管理系统的直连，同时也有专门的公司帮助外企做此类数据的收集和整理。

·提供经销商必要的工作协助。

2. 招标管理：

·不管是否进入国家集中招标采购目录,医药产品只要进入医保目录,都必须通过招标,只有中标的产品才能进入医保支付体系。

·公司商务部需要根据每次的招标说明书,研究招标并确定招标方案。

·与公司医学部合作准备招标文件（技术标）。

·与公司财务部合作测算应标价格（商务标）。

·与经销商合作参与招标。

概括成一句话：公司商务部在医药产品学术推广中的职责是"保证供应"。

四、药企 KA 部：

这是医药行业的大客户部,他们的职责主要是进医院。医药产品的处方主要在医院,医院是否进药就是能否实现销售的关键一步。

医院进药的一般流程如下：

·医院临床科室提出用药申请并写申请单。

·医院药剂科对临床科室的用药申请进行复核批准。

·主管进药院长（一般是副院长）对申请进行审核。

·医院药事委员会对欲购医药产品进行讨论通过。

某家企业的医药产品进了医院还不能就此懈怠,公司 KA 部门需要服务好医院客户并做好相应的管理。KA 部门要做到进得去,守得住。

如果一家药企的产品进了医保目录,在被省级或系统级招标中标后,药企还需跟一家家医院进行沟通,实现医院同意进药的目的。如果药企的产品不进医保目录,那就不需要参与招标,但进医院的工作还是要做的。

不过,随着国家集中招标采购政策的深入推行,医药产品一旦中标销量就会有保证。在此情况下,药企虽然进院的流程简化,但做好医院管理、服务好医院客户的工作不能简化。

概括成一句话：KA 部在医药产品学术推广中的职责是"进入并守住医院阵地"。

五、药企销售部：

严格意义上来说，药企面对医生的部门是做学术推广的，不是销售产品的，虽说业内通常把该部门称为销售部。对处方药和医疗器械来说，这是药企实现学术推广的重要一环。

药企销售部的工作主要有：

·学术推广：向医生介绍最新的研究进展，医药产品的作用机理、疗效、不良反应，适应证、治疗方案等。

·医生的学术知识更新：医生离开学校后还需继续职业再教育，以便掌握最新的学科进展，学术前沿，更好地治疗疾病，医药代表和医药企业对此做出了相当的贡献。

·医生服务：解答医生在处方和治疗过程中碰到的疑点和问题。

·不良反应信息收集和反馈：这是医药代表肩负的一个重要使命，这个角色不可或缺，它是药企和医生之间的桥梁，以便药企可以不断促进医药产品的研发、改进和创新。

概括成一句话：销售部在医药产品学术推广中的职责是"医生教育和服务"。

六、药企政府事务部：

顾名思义这是个跟政府机构打交道的部门。我们在本书前边章节谈到过，医药产品的特殊性决定了它受到政府部门和法律法规的严格监管。因此，保持跟政府部门的沟通，及时了解政府的政策变化，向企业管理层提出相应的建议，进行危机事件的处理等，都是药企政府事务部门的职责所在。

同时，市场准入在很多医药企业也是政府事务部门的工作，包括推进企业产品进入医保用药目录，跟政府的价格谈判，协助企业商务部门的招标采购工作，以及监控挂网采购价格，确保招标价格的执行等。

概括成一句话：药企政府事务部在医药产品学术推广中的职责是"管理市场准入"。

七、药企公共事务部：

与药企政府事务部相对，这是药企一个面向公众的部门，负责回答公众对医药产品的询问，参与患者教育工作，维护企业的公众形象，进行公众活动的组织等。

医药企业不一定设立单独的公共事务部门，但相关的工作还是要做的。

概括成一句话：公共事务部在医药产品学术推广中的职责是"维护公共关系"。

八、药企合规部：

合规在医药行业是个硬要求，合规部门从各个维度监督管理公司各个部门的行为，一旦发现违规行为就坚决处罚。

合规监管的一个核心领域是销售团队在医药产品的推广过程中的行为是否合规？这包括很多方面，如：

·产品的适应证、疗效是否与药监部门批准的一致？是否有扩大适应证或传递未经临床证实的疗效？

·是否有带金销售行为？

·是否违规报销费用？

·是否使用假发票？

·是否未在公司指定的酒店宴请客户？是否超标？

·……

概括成一句话：合规部在医药产品学术推广中的职责是"确保行为合规"。

【案例11：多部门协作促上市】

外资制药企业 M 公司的一款乙肝治疗药物 NT 在中国的上市，采用专业化学术推广取得了不俗的成果。

NT 进入中国市场之际，治疗乙肝有效的药物非常有限。除了另外一家外资药企有一个药品，市场上基本没什么其他有效的治疗手段。作为进入中国市场的一个新药，M 公司首先在中国开展了三期临床试验，得到的数据非常好，帮助 NT 很快得到了药监局的上市许可。

三期临床进行当中，M 公司开始为产品上市的学术推广做准备。首先，M 公司医学部根据美国和中国临床试验的数据选定乙肝的一个亚类，针对性很强，能非常精准地描述出患者的画像。这样做的好处，是针对医生和销售团队的培训非常有效。

同时，M 公司成立了一个 100 多人的学术推广团队。所有的候选人都曾是地区经理，本身有很强的医学或药学的背景，有很强的业务能力，再由市场部一个个精挑细选出来。这些地区经理被"降维"到医药代表，接受了详尽的针对乙肝疾病以及 NT 作用机理、病患定位等的专业培训。

在准备 NT 上市的过程中，M 公司的政府事务部也同时开始了申请产品进入医保用药目录的工作，为产品上市后的上量做好准备。

为了保证将产品适应证、学术推广的针对性、目标医生库、拜访等推广活动有效地落地执行，M 公司还实施了基于 PDA 的 SFE 系统。当时还没有智能手机，PDA 还很笨重，但它比手提电脑还是方便很多，便于代表随身携带，及时向公司反馈学术推广的进展、医生的看法，以便公司医学部和市场部了解一线的具体情况，采取相应的措施，确保学术推广的成效。

在各个部门的通力协作下，在 NT 被批准上市之时，M 公司已完成了对选定的目标医生的培训；组建了专门的销售团队，完成了对团队的培训；定义了精准的患者画像，帮助医生和销售团队明确了目标患者；实施了基于 PDA 的 SFE 系统，帮助有效地管理学术推广过程和进行绩效考核。每个节点环环相扣，在市场热度起来后，产品被批准上市时只开个上市会，经销商就纷纷进货，因为市场的热度和需求已经被发动起来了。

M 公司在对医生做学术推广时，还针对一些患者做了赠药活动，通过具体的案例让医生看到 NT 的疗效。正好当时某电视台有个节目主持人患该病已到了非常严重的程度，通过 NT 的治疗，他的乙肝成功得到控制，后来还结婚生子，像正常人一样。

本来 M 公司对 NT 上市第一年的销售额预测比较保守，因为这个药比较贵，开始还没进医保用药目录。目标是不到 5000 万元销售额，但没想到三个月就完成了，第一年就做到 1 亿多元销售额，后来销量一直往上跳，两三年销售额就到 10 亿元了。

NT 跟一般的新药上市的过程有所不同。一般新药上市是先造势，召开渠道会议，先通过经销商进药，然后再慢慢组建自己的销售团队。M 公司采用了学术先行的方法，各个部门的协作和配合共同造就了 NT 的业绩。

M 公司 NT 的上市之路给我们的启发：

· 精准的客户画像。

· 有效的医生培训。

· 销售团队的专业性。

· SFE 落地执行系统。

· 医学、市场、销售、政府事务部、商务部的协同合作。

2.5　医药产品的从研发到患者

医药产品关乎国计民生，它最终能够用于疾病的治疗需要经过严格的流程和审核。本节我们来谈谈医药产品从研发到患者使用的核心历程。

一、医药产品研发：

医药产品的研发投入巨大、耗时长、风险大，但它也是衡量一家以创新为主的制药企业的核心指标之一。跨国药企都希望能够研制出"重磅炸弹"类药物，能够多年占据市场领导地位。

新药研发可以是完全新的分子式、新的产品，所谓的"first in class"，但还有很多是对现有产品的更新迭代，即所谓的"me better"产品，它能提供在临床上超过现有治疗手段和治疗水平的产品，提供比现有疗效或安全性更好的产品，也是研发和创新的一种形式。

新药研发曾是外企的领域，近年来国内企业也加大研发力度，取得了一些成绩。据《E 药经理人》杂志报道，2020 年获批的新药中，也有不少来自于本土企业，如：

·百济神州：BTK 抑制剂"泽布替尼"2020 年 6 月 3 日在国内获批，此前已于 2019 年 11 月在美国获批上市，成为我国首个出海的本土研发的抗癌新药。

·恒瑞医药：PD-1/L1 肺癌治疗药物。

·2019 年，中国自主研发的阿尔茨海默病新药"九期一"获批，打破全球 17 年无治疗该病的新药的历史。由中科院上海药物研究所和绿谷制药联合研发。

·2020 年 7 月：复宏汉霖的 HLX02（欧盟商品名 Zercepac）生物类似药获准在欧盟销售。

·豪森，信达生物也都有不俗的表现。

二、产品注册：

通常在经过三期临床试验且试验结果证明医药产品安全性、有效性、耐受性等方面都表现卓越的情况下，医药企业决定向国家药品监督管理局提请医药产品上市申请。

国家药监局根据医药企业提供的临床试验等相关信息，根据药典标准进行审核，满足要求的医药产品将被准予注册上市。这个过程通常要 2 至 3 年。

三、医保目录：

医药企业需要决定，准予注册上市的产品是否要进医保目录。进入医保目录意味着销量有保证，但售价肯定低，同时还要经过招标这道坎。不进医保目录，定价的自由度提高，但销量估计要受影响。

国家医保目录以前的调整频率低，要两年一次，目前是一年一次，将逐步过渡到动态调整。医保目录调整的主要目的，是为了将新药纳入医保范围，淘汰老药，以便提供给公众更好的治疗方案。

四、找经销商：

医药企业通常会在每个省找一家总经销商，根据这家经销商的覆盖能力，再决定是否需要找二级经销商。不过，随着两票制的推行，以前那种有 3 级 4 级经销商的情况越来越少。

经销商越多，管理的难度越大、所用精力越多。经销商只找几家大的，又有可能造成经销商权力过于集中，在跟药企的谈判中话语权增大。还有，经销商过多，窜货现象也会增多，管理的难度提升。

在经销商的选择和管理上，医药行业与其他行业一样，面临类似的挑战。

五、建学术推广队伍：

医药产品需要专业化推广，相应的产品经理、市场营销、商务团队、KA 团队还有推广团队一个也不能少，这些队伍的遴选、培训、管理对医药企业来说是个永远的工作。

当一个新医药产品上市时，医药企业有一个关键决定，即新建推广队伍还是给老团队增加新任务？如果给老团队做，如何激励，团队才会愿意推广新产品？如果新建队伍，专注力有了，但成本也高了。

六、招标：

决定并进入医保用药目录后，招标就是开始医药产品推广的第一步。随着国家集中招标采购工作的推进，不仅仅是药品，越来越多的高值耗材也被纳入集采。只有进入集采，才能将医药产品接近患者又推进一步。

七、进院（listing，列名）：

进院工作从新产品开始试用就开始了。通过相关科室医生的试用让医生对产品的疗效有客观的认识，开始积累处方经验，为正式进院后的处方量打好基础。

通过试用得到科室认可，科室会向医院提交正式进药申请。被批准正式进药后，为保证医院的正常使用，医药企业的商务部要保证经销商的供应及时，KA 部要做好医院服务，销售代表还要做好针对医生的推广工作。

八、推广：

学术推广我们在前边已反复讲过，这是一项长期的工作。医药产品的学术推广要在医药产品被批准的适应证和治疗方案范围内，要传递给医生正确的专业信息，要及时解答医生在处方和治疗患者当中遇到的问题，并需要及时将不良反应案例反馈给企业和政府主管部门。

九、医生处方：

当有患者的疾病症状符合医药产品的治疗对象和适应证时，医生根据自己的诊断和经验，会给患者处方相应的药品。一张处方上药品的用量会根据药品说明书上的治疗计量、患者的严重程度、医保的要求等来决定。所以，医药企业可以根据处方张数来推出药品的实际用量。

医生处方哪个药物不仅跟医生自己的经验有关，还跟专家的建议、疾病治疗指南有关。

十、患者配药：

在中国，大部分医生处方都是在医院药房配药的，特别是医保目录内的药品。

患者拿到配的药后，需要根据医生处方的用量按时用药，并根据医嘱及时回访医生。若患者不按医嘱服药、中途擅自停药、未告诉医生自己还在服别的药而可能引起药物相互作用，等等，都会影响疾病治疗的效果甚至贻误病情。因此，患者依从性非常重要，需要加强患者教育。

以上十个步骤概括了医药产品从研发到患者配药的全过程，可以用图 2-1 来归纳：

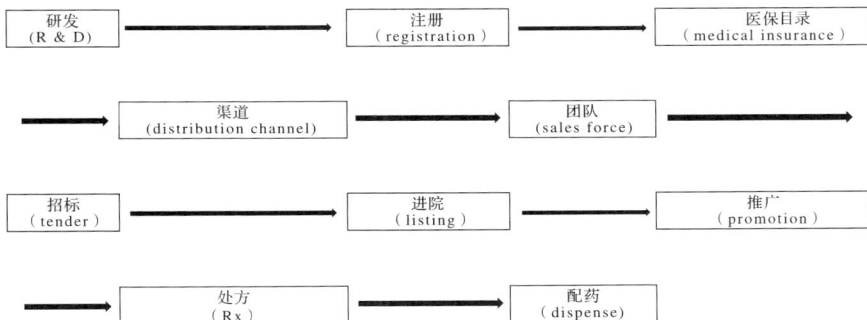

图 2-1　医药产品从研发到患者配药流程示意图

本章介绍了医药产品营销的基本理论、不同医药产品的营销推广方式，以及医药企业跟营销相关的各个部门，由此可见医药产品的学术推广需要企业内各个相关部门的通力合作。如何将各个部门、多种营销活动统一协调管理，实现营销策略的落地执行，并达成好的绩效？下一章，我们来看看医药行业如何通过 SFE 来实现营销活动的有效管理。

第 3 章

医药营销绩效管理理论

3.1 营销模式的发展历程

在讲医药行业营销绩效管理之前，让我们先来简单回顾一下营销模式的前天、昨天和今天。

营销模式的前天，指的是手工作坊时代。这个时代营销的特点是：服务的客户有限，主要都住在周边；提供的产品有限，大部分是根据客户需要定制；店员认识所有的顾客，知道每个客户的情况；没有分销渠道，也不用做广告。

营销模式的昨天，指的是大规模生产时代。这个时代服务的客户庞大，涉及区域广；提供的产品种类多、量大，采用大规模标准化生产；店员不认识顾客，不收集客户数据或者手工收集部分客户数据；依靠公司熟悉的单一分销渠道；需要做广告，但关注于销售，甚至是不计代价的跑量。

营销模式的今天，我们处在工业化时代，技术的进步让我们可以更加高效地大规模生产，但营销所面临的挑战也很巨大，表现在：

· 我们服务的客户庞大。

· 客户的期望值和需求越来越高，他们要更好的产品与服务，更有竞争力的价格，随时随地的访问，更便捷，更快速的反应。

· 经济越来越全球化，带来竞争加剧。

·大规模的广告投放已不适应，需要更精准地进行信息传播。

·互联网改变了传统的商业模式，包括客户接触方式、销售方式、客户服务方式等。

营销管理的今天，对企业提出了更高的要求：

·企业必须按照不同客户的需求来制造和提供商品，必须设计出客户需求导向的产品和服务以满足消费者的个性化需求和口味。

·企业需要建立和管理客户数据库，根据客户和自己关系的不同，客户生命周期价值的不同，选择不同的销售策略。

·企业需要采用多渠道分销模式，根据客户的方便和利益来设计渠道模式。

·对产品的宣传需要采用组合营销的策略，基于对客户的认知精准地投放。

·企业需要采用先进的信息管理系统来降低数据搜集整理的成本，使得员工能把更多的精力放在与客户进行对话和沟通上，从而能更好地理解客户的需求，更好地服务客户。

这些挑战促使企业实现营销管理的三大转变：

·第一个转变：变"以产品为中心"为"以客户为中心"。企业不能再闭门造车，而要紧跟客户需求研发产品，最好能引领潮流，创造需求满足需求。

·第二个转变：变"交易营销"为"关系营销"。此处的关系营销不是简单的销售人员跟顾客的个人关系，而是企业借助技术手段实现对客户的洞察和关心，提供让客户满意的销售体验和服务体验。

·第三个转变：从"大规模生产"改为"大规模定制"。企业不再生产千篇一律的产品，一个产品可能需要有多种规格、尺寸、颜色等；企业可能不再生产所有品类的产品，而是专注在把有限的品种做精。还有的企业选择细分领域或者小众市场。

要实现企业营销管理的三大转变，就要做到：

·转变为以客户为核心的企业，定义自己能给客户带去怎样的价值。

·实现对客户的 360 度全方位洞察：将分散在企业各个部门的不连贯的客户信息进行整合，使企业的销售、市场、订单处理、客户服务、生产、财务等部门看到客户的全貌。同时，对客户做出区分，保留最好的客户，赢得更多的客户。

·增强对市场机会的把握：把合适的产品，以合适的价格，在合适的时间，推荐给合适的客户，实现收益的同时给客户提供价值。

·借助信息技术，建立新的客户关系管理系统：重新定义客户关系，实现一对一交互式的客户交流，大规模的客户定制化服务，客户智能服务和客户关怀，等等，以最大化客户价值。

关于客户关系管理（Customer Relationship Management，简称 CRM）的定义，有很多不同的表述，Gartner Group 是最先提出 CRM 概念的机构，它给出的定义是："客户关系管理是企业的一项商业策略，它按照客户的分割情况有效地组织企业资源，培养以客户为中心的经营行为以及实施以客户为中心的业务流程，并以此为手段来提高企业的获利能力、收入以及客户满意度。"由此可见，CRM 是企业选定的一个经营策略。通常我们说 CRM 时指的是 CRM 系统，它是借助 IT 技术实现 CRM 策略的一个工具。

CRM 的核心理念是以客户为中心，但它不认为只要是客户企业都要一视同仁地对待，恰恰相反，它要求对客户做分割，将客户分别对待。由此引出了客户关系管理的三个原则。第一个原则，根据利润贡献度区分客户。传统的大众营销希望一次销售更多的产品给最多的客户，任何客户都是好客户。而 CRM 的观点认为，企业会有一群贡献度高于其他客户的"最有价值客户",针对这群有价值的客户,企业应该尽量销售更多的产品。

第二个原则,就是客户价值管理遵循 20/80 法则,即企业 20% 的优质客户带给企业 80% 的业务,其他 80% 的客户只贡献 20%。因此,企业需要建立自己的客户筛选机制和流程,对客户进行过滤分类。比如,可将客户从下到上依次分为非客户(沉寂客户)、有效潜在客户、可能买主、初次购买者、重复购买者、忠实买主、品牌鼓吹者。

第三个原则,客户忠诚度管理。对于优质客户,企业需要制定长期策略以保留这些客户。关注客户行为,对客户行为进行分析,给客户提供个性化的产品和服务,对活动绩效进行追踪改进,给客户终身价值,提高客户满意度和忠诚度。

CRM 的实施,能给企业带来的获益点包括:

·改进客户服务。

·增加客户满意度。

·提高客户保留率。

·降低运营成本。

·更好的产品和服务。

·提高企业效率。

·更强的竞争能力。

·企业智能分析。

·广域的市场覆盖。

·减少系统维护差错。

·……

3.2　医药营销绩效管理理论 SFE

医药行业是个高投入、高监管、高竞争的行业。以研发新药为核心竞争力的医药企业，新产品被批准上市时的专利保护期可能只剩十年不到的时间。为了让投资有回报，药企需要尽快让产品在上市后的短期内得到大量医生的认可，以树立产品品牌的持久影响力。因为专利期一过，仿制药可能在三个月内蚕食掉原研药一半的市场份额。将新产品尽力打造成"重磅炸弹"，是药企花大力气大投入在医药营销、学术推广上的主要推动力，药企因此发展出了行业独特的营销绩效管理理论 SFE。

SFE 的全称是"Sales Force Effectiveness"，直译就是"销售队伍有效性"或者"销售队伍效能"。SFE 理论随着外资医药企业进入中国而被引入进来，这些年，医药行业不断完善和发展 SFE，使其成为营销管理的利器。狭义上的 SFE 关注销售队伍的有效性，但因为医药产品的营销需要"多兵种协同作战"，它实际谈的是整个跟营销相关的各个环节的效能，即在广义上，SFE 关注于营销全流程的绩效管理。

SFE 是以客户为中心的营销管理理念，但它不仅涵盖客户关系管理以及销售管理，它还包含营销策略 & 规划；人力资源管理的部分内容，比如对员工的培训、辅导和绩效评估；市场宣传活动的计划、管理、评估和跟进；商务运营的内容，如流向追踪；以及数据分析等。当 Siebel 推出 CRM 系统时，它在医药行业的卖点是，SFE 只管销售，而 CRM 管理所有的客户关系。因此，近些年在医药行业，SFE 也跟 CRM 搭上了关系。不过，医药行业的 CRM 专指 IT 意义上的 CRM 系统，而 SFE 不仅指 IT 意义上的 SFE 系统，更加侧重于它在管理上的含义，即采用 SFE 理念管理整个的营销过程和绩效。这也就是为什么我们可以看到在医药企业有个 SFE 部门，他们使用的一个 IT 系统叫 CRM。

SFE 的目标，是使一个公司的销售努力得到最大化的财务回报。它的核心，是坚信行为的改变，会影响结果。行为是一个人怎么想、怎么做、怎么跟他人打交道。通过行为的改变，促进过程的效能，进而实现好的结果。而要改变一个人的行为，就需要教育、培训和管理。

医药行业 SFE 管理理论的出现，是为了应对企业在营销领域遇到的挑战，而这些挑战在外企进入的中国市场更加显著：

一、我有哪些客户？

中国的医生大部分都在公有制医院工作，要向医生做学术推广必须先找到医院，然后找目标科室，最后才是在目标科室工作的医生、护士。医院不仅做疾病的诊断和处方，还负责配药，药剂科以及药剂师也是不可忽略的客户。学术推广离不开意见领袖（KOL）和专家，这些客户又在哪里？市场活动的开展还需要跟政府、学会和协会合作，这些人又是谁？如果做零售市场，有哪些药店？又有谁是店员？凡此种种，在我国国内都没有现成的数据，要靠企业自己收集和维护。而我国这么几十年的高速发展，也给员工提供了众多的发展机遇，员工特别是业务代表的跳槽频繁。外企曾经的医药代表年流失率在 20% ~ 30%，也即每年近 1/3 的代表是新手。由于代表跳槽，企业失去客户的关键信息，不知道代表都向哪些医生做过学术推广，这些医生对产品的观点如何？企业一概不知，新来的代表也只能两眼一抹黑，从头开始。由此给企业造成客户资源的流失，市场投资的浪费，以及失去的市场机会。

二、这些客户对我价值如何？

SFE 和 CRM 一样，强调对客户的分级，以便针对不同级别的客户做有针对性的学术推广。由于客户资料都是靠一线代表收集的，难免有很多信息不完善或者是依据医药代表个人的主观判断，因此很难客观地对企业在全国范围内服务的客户有一个全面的衡量和判断。由此对市场潜力的预测、学术推广的针对性、人员配备和部署等都带来挑战。

三、我的销售代表对这些客户做了哪些学术推广工作？

代表的时间都花在什么地方？他们遇到怎样的困难、需要何种帮助？我国幅员广阔，企业业务的覆盖范围广、代表多，没有方法和手段就很难有效地监督、辅导以及跟踪营销策略的执行过程。同时，由于代表的流动率高、产品的学术信息也在不断地被完善，保证持续有效地对分散在全国各地的代表进行学术和专业培训也是个不小的挑战。

四、市场推广策略是否有效？

衡量市场推广策略，不仅需要考核目标客户是否精准、传递的信息是否正确、医生的反馈如何？还要考核市场占有率、销售达成率等。在我国，医生处方量和医院销量这两类数据是没有第三方提供的，只能靠企业用一些间接数据，比如经销商销量数据来衡量。同时，信息反馈的时效性差，没有有效的手段去分析数据，使得企业对市场的变化不能及时应对。

五、如何从经销商处有效地收集和汇总销售数据？

我国有大量的经销商，他们很多在二十年前没有计算机系统，即使有也没有统一的数据格式。给医药企业掌握产品流向，保障医院、药店的供应带来压力。

面对在我国医药市场进行营销的诸多挑战，外资医药企业采用了他们在其他市场上一直采用的 SFE 营销理念，结合我国市场的特点，在具体做法上做了一些调整，并逐步引入相应的信息管理系统，保障了外企在我国医药市场平均每年获得 20%～30% 的持续高增长。总结外企实施 SFE 的经验，可以概括为如下几点：

1. 不要把事情做得太复杂，制胜的法宝是把基本的事情做好。这些基本功包括：客户区隔和定位，找到正确的客户；管理日常活动，以正确的频率做正确的事；学术信息的传递，需要加强对医药代表的培训；投入和产出综合考评，既管过程也看结果。

2. 以学术推广为主，客户关系为辅。医药代表跟医生的关系固然重要，但主要还是要向医生介绍医药产品的适应证、作用机理、临床试验证据、使用要点和注意事项等，帮助医生在专业上成长，得到医生的认可。医生的时间对医院和患者而言是很宝贵的，如果医药代表能够证明他们所提供的信息对于医生及其患者是有用的，那么医药代表即对医生有价值。这种建立在学术和专业基础上的客户关系将会更牢固。

3. 加强培训。外企的培训涵盖多个方面，有学术、产品知识相关的培训，有销售技巧的培训，有合规的培训，还有 SFE 理念的培训等，从各个方面提高团队的知识和能力，潜移默化地影响团队的认知，进而得到团队的认可，并转化为正确的行为、自觉的行为。

4. 分产品线设团队。人体结构复杂、疾病种类多、治疗药物各有侧重，如果一个企业的产品涵盖多个治疗领域，那就应该按治疗领域或者产品线来设置营销组织架构，让专业的团队做专业的事情，以最大程度地发挥营销的潜能。根据医药产品的特点和公司的营销策略，外企通常将特药（Specialty Care，简称 SC）按治疗领域（Therapeutic Area，简称 TA）设立团队，如中枢神经系统、心血管系统、肿瘤等。普药（Primary Care，简称 PC）通常会在一个团队做。普药还是处方药，并没有严格的定义，主要取决于企业的策略，如把过了专利期的药归入普药。普药相对特药来说价格要低得多，再按治疗领域设置团队就成本过高了。

5. 设立专门的 SFE 部门。SFE 于销售团队而言，既是支持部门也是监督部门，外企开始设立 SFE 部门时是直接汇报给销售副总裁的，现在已是独立于销售的一个部门，隶属于商业运营。这样做才能真正发挥

SFE 的绩效管理职能，同时可以让销售团队专注于做业务。SFE 部门负责从政策规划到落地执行、赋能代表、同时监督营销过程、反馈并分析结果，以促进 PDCA（plan，do，check，action）落地的全过程管理。

6. 有目的地投资 IT 系统，提高效率，加强管控。没有 IT 系统的支撑要实现 SFE 不容易，特别是在销售团队达到一定规模后。本书的第四章会专门讨论这一话题。

秉承"把基本的事情"做好的信念，本章接下来的几节将分别介绍 SFE 的核心理念：

·选择正确的客户：市场定义。

·管理营销过程：营销团队的组织和部署、覆盖率和频率、信息传递、辅导和激励。

·管理营销结果：销量达标和增长、潜力和占有率、客户分布，过程和结果综合分析。

3.2.1　SFE 理念之"市场定义"

面对不断变化的市场，根据自身产品和发展战略，医药企业每年会制定相应的营销策略，而营销策略的落地执行就是 SFE 的核心工作之一。

营销策略的落地执行从选定公司的目标市场开始，业内叫"市场定义"（market definition），它有几个层次要考虑。首先，要选定省市市场。我国幅员辽阔，各个省市之间不论是经济、文化还是发病率等都有差异，企业的资源也有限，因此医药企业需要首先决定要在哪些省市推广自己的产品？

至于中国有多少城市，请看《国家统计局官网》公布的数据（表 3-1），全部地级及以上城市将近 300 个，要是考虑县级市，那就更多了。

表 3-1　中国城市数量分类统计

指标	2018 年	2017 年	2016 年	2015 年	2014 年
全部地级及以上城市数（个）	297	298	297	295	292
城市市辖区年末总人口为 400 万以上的地级及以上城市数（个）	20	19	17	15	17
城市市辖区年末总人口为 200～400 万的地级及以上城市数（个）	42	42	43	38	35
城市市辖区年末总人口为 100～200 万的地级及以上城市数（个）	99	100	96	94	91
城市市辖区年末总人口为 50～100 万的地级及以上城市数（个）	88	86	90	92	98
城市市辖区年末总人口为 20～50 万的地级及以上城市数（个）	40	42	43	49	47
城市市辖区年末总人口为 20 万以下的地级及以下城市数（个）	8	9	8	7	4

　　在医药行业内部，大家习惯把这些城市归入不同的级别。除了每家企业自身的分类，业内著名咨询公司 IQVIA 艾昆纬医院药品统计报告（≥ 100 张床位，2019 年）的分类如下：

　　·一线城市（3）：上海、北京、广州。

　　·二线城市（15+3）：南京、哈尔滨、天津、宁波、成都、杭州、武汉、沈阳、济南、深圳、苏州、西安、郑州、重庆、长沙，含 3 个城市群：珠三角、福厦泉、浙江城市群。

　　·三线城市（23）：乌鲁木齐、南宁、南通、南阳、大连、太原、常州、徐州、扬州、无锡、昆明、温州、烟台、石家庄、贵阳、长春、青岛、兰州、南昌、银川、呼和浩特、海口、合肥。

　　·其他城市：除一、二、三线城市以外的其他城市。

　　可以看出，IQVIA 的城市涵盖的还是传统的大中型城市市场，没有覆盖其他的城市、县域以及广阔市场。

在定义企业的省市市场时，如果企业有多个治疗领域的产品，那就需要针对每个治疗领域甚至每个产品做定义。

其次，选定医院市场。确定目标省市后，SFE 需要进而考虑在已选省市中有哪些医院、它们的具体情况如何，并跟医学部、市场部和销售部协调，选定要将产品推广到哪些医院？根据《国家统计局官网》公布的数据（表 3-2），2019 年全国医院数超过三万四千家。

表 3-2　全国医院信息统计

指标	地区	数据时间	数值
医院数（个）	全国	2019 年	34,354
医院数（个）	全国	2018 年	33,009
医院床位数（万张）	全国	2019 年	686.70
医院床位数（万张）	全国	2018 年	651.97
医疗卫生机构数（个）	全国	2019 年	1,007,545
医疗卫生机构数（个）	全国	2018 年	997,433
综合医院数（个）	全国	2019 年	
综合医院数（个）	全国	2018 年	19,693
专科医院数（个）	全国	2019 年	
专科医院数（个）	全国	2018 年	7,900
门诊部（所）数（个）	全国	2019 年	267,000
门诊部（所）数（个）	全国	2018 年	249,654

在做医院市场定义时，SFE 会先收集整理医院列表。该列表可以是公司内部数据、购买的第三方数据、咨询公司提供的数据等多个来源，需要把它们进行整合、去重和更新。在此基础上，需要完善医院参数，如床位数、年西药采购量等，然后根据确定的衡量医院潜力的方法计算各个医院的潜力并据此将医院排序。由于医院数据的不完善，计算出的

潜力需要经过市场部和销售部的调整和确认。在这些工作的基础上，再结合当前医院的进药情况和历史销量，就可以定义目标医院了。

再次，选定客户。客户的选择就在目标医院的范围内选了。根据《国家统计局官网》公布的数据（表 3-3），2019 年全国执业医师（医生）有 321.1 万人。

表 3-3　全国执业药师人数

指标	2019 年
卫生人员数（万人）	1,292.80
卫生技术人员数（万人）	1,015.40
执业（助理）医师数（万人）	386.70
执业医师数（万人）	321.10
注册护士数（万人）	444.50

注：卫生人员和卫生技术人员包括公务员中卫生监督员 1 万名。

SFE 会提出对客户潜力和支持度评估的方法，根据评估对医生做区隔（segmentation）。有了客户区隔，就可以根据公司的营销策略选定要进行学术推广的各个具体客户了。当然，具体客户的确定离不开销售团队的配合，因为他们在一线工作，最了解市场和客户。但是，SFE 需要给出方法论和指导意见，以协助销售团队聚焦正确的客户。

市场定义从确定省市市场入手，进而选定目标医院和客户，在此过程中会面临很多挑战。SFE 需要把控好：

· 中国市场巨大：能覆盖多少城市、多少医院、多少医生？

· 别忘了 20/80 原则：市场的集中度很高。

· 有多少资源可以投入？

· 市场的竞争态势如何？

· 产品的特点和发展战略是什么？一个医药代表应该推广单产品还是多产品？

·目标医院里可触达的医生数？A、B、C 三类医生各应有几个？要求的拜访次数？

·一个代表可覆盖的医生数：一个代表一年可做的拜访数 2,700+ 次。

3.2.2　SFE 理念之"营销团队组织和部署"

医药公司在战略层面选定自己要覆盖的市场，如专注在一线和二线城市，或者进军广阔市场，接下来的任务就是要建立营销队伍并部署到目标市场。

营销团队如何组织，如何部署，不同公司有不同的做法，而且也会跟着市场及公司策略的调整而调整，但相对而言在一段时间通常是一年的时间内是相对稳定的。

一、建立组织：

营销的基本组织有市场部、销售部、商务部、运营和 SFE 部门、KA 等，同时医药企业通常又拥有多个治疗领域的解决方案，营销的组织架构要考虑把这些因素有机地结合起来，以达到最大的有效覆盖。

目前，我们看到的医药企业的常规做法有：

1. 按医药产品的性质来设立营销组织：

·按治疗领域设立营销团队：这一做法在特药（Specialty Care）领域很常见，因为特药通常针对性强，价值高，学术内容强，因此需要营销团队专注在单一的治疗领域，如：肿瘤、心血管、呼吸、消化、中枢神经，等等。

·按区域设立营销团队：这一做法在普药（Primary Care）领域常用，OTC 和商务团队通常也会采用这一模式。因为通常普药要做的学术推广较少，把所有普药交给一个团队做相对投入更少。

2. 按市场的性质来设立营销组织：

·核心市场：这是公司的核心，保证在核心市场的业绩是公司成败的关键。

·广阔市场：针对将全国一、二线城市做为目标市场的医药企业而言，如外企，广阔市场不仅包括广大的县域和农村市场，还包括一、二、三线城市中的社区卫生中心等基层市场。这个市场分布很广，对医疗资源的需求很大，但比较分散，单个区域的产出不高，需要采用不同的营销策略。

3. 按放权程度来设立营销组织：

·总部集权制：全国销售、市场、商务等部门都直接向总部汇报，这是典型的纵向管理模式，能够保证总部对各部门的集中控制和管理。

·事业部制：总部放权给事业部，各事业部通常按医药产品的治疗领域来划分，如肿瘤事业部。事业部拥有自己的市场、销售、运营、SFE部门，能够让各事业部根据自己的市场情况灵活应变。

在实际情况中，以上三种模式极有可能是混合使用的。比如，在一个治疗领域设立一个事业部，同时事业部又将全国市场按区域划分；除了各事业部拥有自己的运营和SFE团队，总部还有中心的SFE团队，等等。

二、布阵：

医药企业决定了组织架构，还需要把全国市场或区域市场进一步划分成一个个销售辖区（Territory），业内俗话叫它"坑"，我们习惯叫它"阵地"。医药营销是打持久战，因此需要把阵地合理地切割，最小的一块阵地必须是一个士兵能够有效坚守的。辖区是最小的学术推广基层单位，一个辖区通常安排一个医药代表。辖区的划分需要考虑以下几点：

·辖区数量：这是根据公司核定好的医药代表人头数来决定的，通常情况下一个人头对应一个辖区。医药代表人头数（full time equivalent，简称FTE）的确定要考虑人均生产力。通常核心市场的人均产出高，广阔市场的人均产出低。还要考虑辖区是做单产品还是多产品。如果单个产品的产出不能覆盖一个代表的成本，可能需要一个辖区覆盖更多的医院，或者一个辖区负责推广多个产品。

· 集中度：划分在一个辖区的医院要在地理位置上相对靠近，以便节省代表拜访客户的路途时间。

· 现状 & 潜力：一个行政区域里各个辖区的市场潜力要相当，还要平衡历史销售情况，以便给医药代表相对公平的市场机会。

· 工作量：医药代表的主要工作是拜访医生，如果在一个辖区内的目标医生数量过多，代表将无法按公司要求完成拜访工作量，如果过少，代表的工作量又会不足。

· 市场声音份额（share of voice，简称 SOV）：除了以销售额来衡量的市场占有率（market share），学术推广还要考虑自身在市场上所占的声音份额。如果医药代表人数相对竞品较少，SOV 就会太低。在目前的数字化时代，医药企业又提出了医生时间份额（share of time，简称 SOT）的概念，用以衡量医生花在己方产品上的时间。

辖区划分的目标是尽量做到公平合理，给医药代表相同的市场机会，但在实际执行中不是简简单单就能够做到的，需要企业有大量的信息和数据来支撑。除了年初一次性做辖区划分外，医药企业通常每个季度还会对辖区做微调，如果公司的产品线多，辖区管理的工作量就会非常大。

还需说明的一点是，一个辖区是一组医院产品的组合，在这些医院中推广的产品是跟企业前边建立的组织架构一致的，比如，肿瘤事业部的一个辖区是指在这些医院中推广肿瘤事业部的产品。如果一家医药企业有多个事业部，每个事业部对同一个行政区域内医院的辖区划分也有可能不一样。这样一来，辖区管理的难度就又上了一个台阶。

三、排兵：

接下来，企业要把医药代表安排进一个个辖区，习惯称它为"排兵"，业内俗称"一个萝卜一个坑"，这形象地说明了通常一个辖区交给一个医药代表来管理。但也有例外，比如"双 Call"或"多 Call"的情况。这种情况的出现，通常都是因为一家医院的业务量太大，一个医药代表照顾不过来，需要再派一个或多个医药代表。多个医药代表可能按科室分工，指标和业绩也是按比例划分。比如，上海瑞金医院是三甲医院，用药需求很高，药企就会安排两个或多个代表负责。

在给医药代表分配辖区时，是否需要考虑医药代表的能力？是否需要考虑医药代表跟客户的关系？我个人认为是需要的，但医药行业也有不同的做法。采用不同做法的企业认为，医药代表需要有能力跟不同的客户打交道，每年给同一个代表不同的区域有利于激发代表销售的潜能，保持组织的活力，同时也有利于客户建立对企业的认可，而不是跟医药代表个人的关系。这一点在日本很普遍，医药代表每年换辖区，甚至不是在同一个城市，而是在外地。代表平时工作在外地，周末才回家。

完成了这一步，企业就把自己的目标市场清晰地划分成了一个个辖区。每个辖区都是一组医院和产品的组合，同时还有一个销售代表负责，这个代表将向此辖区内的医生做学术推广，提供医生所需的帮助，以及收集医药产品使用中可能出现的不良反应情况。

由于医药代表流动率高，辖区可能暂时无代表负责。药企可能临时将该辖区内的医院打散给到其他几个有代表的辖区，等新代表到岗后再将这些医院收回；也有可能临时由地区经理（District Sales Manager，简称 DSM）代管。每当出现这种情况，负责辖区管理的 SFE 团队就要对辖区做调整，每个月的工作量还是挺大的。

3.2.3　SFE 理念之"信息传递"

信息传递（Message Delivery）是医药代表学术推广的核心，传递的信息是市场部针对医药产品的药理、药效、不良反应等特点，在综合评估的基础上，结合对目标人群的需求分析，找出产品的利益点，从而形成的产品的卖点。

信息传递的形式有多种多样：

·面对面一对一的拜访：这是医药代表跟医生交流的主要形式，也是代价最高的方式，但确实是最有效的。因为它让代表能够面对一个医生，传递有针对性的信息，解答医生提到的具体问题。

·科室会：医药代表也经常把一个科室的医生组织起来开学术宣讲讨论会，这样做效率较高，还可以让认可产品的医生做用药经验分享，来自同行的观点对其他医生更有说服力。

·线下活动：医药企业的市场部和销售部门也会组织不同范围的学术推广活动，大到全国性的学术会议，小到区域性的学术活动，医药代表都会根据每次活动的要求邀请自己的客户参加，通过不同的渠道让医生了解医药产品的学术理论、治疗方法、患者获益点等。

·线上拜访和线上活动：以前此类活动只是线下形式的补充，但随着 2019 年底暴发的新冠肺炎疫情，线下活动不得不转至线上，客观上也促进了医药行业探索并实践新的学术推广模式。

信息传递是否引起客户的共鸣，是否得到客户的认可，是否促进了客户的行为转化？是医药行业对信息传递效果关注的范畴。毕竟，要传递的信息首先是基于医药企业自身的提炼，是否能得到客户认可还要看实际传递后的效果。医药行业除了要求代表在 SFE 系统中汇报每次跟医生所介绍的产品、沟通的形式，以及医生的反馈外，还会采用多种不同的方法来检测信息传递的效果。除了内部的检查外，有时还会用第三方市场调研公司来对医生做回访，以辅助判断医生针对医药产品的认知和行为是否符合企业的设定。

医生反馈不仅 SFE 团队要跟踪分析，还需要给到市场部，以便市场部根据实际执行情况改进提炼出的学术推广信息。同时，何种信息传递方式对医生更有效也是 SFE 和市场部要分析的内容。例如，随着微信的普及和医生队伍的年轻化，通过微信跟医生互动交流的学术推广方式被越来越多的医生所接受和推崇，医药企业开始更多地借助微信小程序以及企业微信来实现有效的信息传递。

将学术推广活动的信息传递、医生反馈、市场部的跟进统筹管理，是为了实现营销活动的闭环（close loop marketing）。

3.2.4 SFE 理念之"覆盖率和频率"

覆盖率（Coverage）和频率（Frequency）是医药行业 SFE 用来衡量投入绩效的指标，主要针对医药代表的拜访行为。

覆盖率是指在一个月的时间内，代表拜访的医生数占他所负责的医生总数的百分比。正常情况下，他应该达到 90% 以上。

频率是指在一个月的时间内，代表按规定频率各拜访了多少个医生以及占总拜访医生数的百分比。业内通行的标准是 A 类医生每个月拜访4 次，B 类 2 ~ 3 次，C 类 1 次。

覆盖率和频率是两个同时考量的指标。覆盖率要求每个月内要拜访到所有的医生，医药代表要跟所有的目标医生都保持联系；频率要求拜访的次数要有控制，并不是拜访次数越多越好，拜访的次数要既照顾到客户的潜力，又不多浪费时间，以保证投入产出的有效比。

人都喜欢跟谈得来好接近的人打交道，医药代表也不例外。但医药代表的时间是有限的，要把时间有效地分配，跟医生有效地沟通，才能达到好的结果。所以，医药行业内一直强调的是"正确的客户，正确的信息，正确的频率"，这是 SFE 绩效管理的真谛。

除了覆盖率和频率，为了衡量代表的工作量是否满，企业还会采用一个指标叫 DIF（Days In Field），即根据规定的每天拜访量折合的每月有效拜访天数。请看表 3-4 覆盖率、频率、DIF 的例子。根据我们上边讲的原则，各位读者可以自己试试，从覆盖率、频率、DIF 这三个指标评估一下这个代表的工作质量。

表 3-4　覆盖率、频率、DIF 示例

医生数量		月拜访频率	频率0	频率1	频率2	频率3	频率4	频率5	频率6	汇总
		频率要求:								
A类医生	20	A类4次	1	0	4	1	12	1	1	20
B类医生	50	B类3次	0	0	2	30	9	0	0	41
C类医生	30	C类1次	1	0	3	0	5	0	0	9
总医生数	100	汇总:	2	0	9	31	26			70
		覆盖率要求:								
		A类95%								100%
		B类80%								82%
		C类60%								30%
月工作天数	20	月DIF天数要求:							总拜访次数	226
		每天12次拜访							折合DIF天数	18.8
		月DIF达85%							DIF比率	94%

如果我们把医药代表每次对医生的拜访看成是做一次广告，那在投入（时间、金钱）不变的情况下，能对医生做广告的次数肯定是越多越好，这就是 SFE 绩效管理的意义，不信看看一个真实的案例（案例 12）：

【案例 12】：SFE 绩效管理有实效

	年拜访天数	每天拜访次数	每次拜访推荐的产品数	年度绩效
最好	190	14	2.2	5,852
平均	175	12	1.7	3,570
最低（15%）	153	10	1.4	2,142

在这个真实的例子中，最低 2,142 次和最好 5,852 次之间的差距接近 3 倍，意味着最好的医药代表每年做广告的次数几乎是最差的医药代表的 3 倍！可见做好"正确的客户，正确的信息，正确的频率"有多重要。如果再结合考虑医生对不同传播渠道的偏好，那就能更有效地分配资源，达到事半功倍的效果。

根据笔者做咨询服务的经验，给大家做参考，业内的平均水平如表 3-5。

表 3-5　医药代表的工作量

一个医药代表	业内平均值
负责医院数	10
负责医生数	110
DIF（月拜访天数）	16 天
日拜访次数	12
月均医生覆盖率	A+B ≥ 95%；C ≥ 90%
月均医生拜访频率达成率	A+B ≥ 95%；C ≥ 90%
月均医生拜访标准	A：4 次；B：2 次；C：1 次

3.2.5　SFE 理念之"辅导和激励"

如果说医药产品的营销是多兵种协同作战，那这个作战集团的一线作战部队就是医药代表。一线部队的作战能力，不仅需要每个战士的努力奋斗，更离不开每个作战小分队的队长，业内称为地区经理（DSM 或 DM，即 District Manager）或一线经理（FLM，即 First-line Manager）。

一线经理是营销集团军最基层的领导，他们最了解市场情况，最知晓每个战士的状态，也是公司政策的解读者和监督者，SFE 理论因此把对一线经理的管理也纳入其中。

医药行业的 SFE 理论非常重视一线经理对销售代表的辅导（coaching）功能，要求一线经理至少 60% 的时间花在对代表的辅导上。请注意，这里强调的是辅导，不是培训。专业知识和销售技巧等培训在医药行业都是由总部的专门部门负责的，一线经理则更像一个教练，是在医药代表的工作实践中去指导代表，肯定优势，找出不足，帮助提高。既然是辅导，一线经理就需要深入一线，在"协同拜访"中观察、示范、提出建议，并跟进改进状态。

当然，作为一线经理，除了辅导，还有一些团队管理工作要做：

·计划和协调代表的工作。

·市场活动的组织。

·监督和纠错。

·沟通和团队协作。

·保持跟重要客户的联系和服务。

同时，一线经理还有一些行政和支持类工作的职责：

·HR 工作：计划和协调代表的工作。

·自我学习和成长。

·满足总部及合规要求。

·支持总部组织的活动。

·本地区行政和事务性工作。

优秀的一线经理跟一般的一线经理的主要差别在于：

·角色定位：是"地区管家"，对地区的业务有责任；不是"管理员"，监督代表遵守公司制度。

·与代表的关系：是"教练"，注重帮助代表提高 SFE 的有效性；不是"班长"，追踪代表看他们是否听话。

·对代表的指导和支持："目标明确"，利用各种形式支持和指导代表，如协访、微信、电话、会议等，有明确的指导目标；不是"盲目的"，仅在随访时指导代表，没有明确的目标和计划。

3.2.6　SFE 理念之"投入和产出综合评估"

SFE 是高阶的绩效管理理论，不仅仅重视过程，也关注结果。在前边几节，我们从市场定义到营销团队组织和部署、信息传递、覆盖率和频率、再到辅导和激励，着重讲了 SFE 理论中有关客户选择和营销过程管理的各个方面，这一节我们来讲讲如何通过数据分析来评估营销绩效的优劣。

在医药行业 SFE 理论框架下，营销的结果是通过多个方面来衡量的，常用的指标有下边这些。

一、销售分析：

这是营销的最终结果，即每个客户的实际销售额。如果你还记得本书第二章中讲到的内容，你可能会意识到此处的客户应该是指机构类客户，即医院，而客户的销售额是医院通过经销商采购的某个医药产品的数量，乘以医药企业内部的考核单价，得出的销售金额。所以，它不是我们通常意义上客户真正付出的金额。

•销售达成率：这是销售完成情况的考核，是看实际销售额占销售指标的比例，销售代表可能未达标、达标，也可能超额达标。

•销售增长率：销售结果不能只看一时，要看长远，所以，销售增长率是一个不可或缺的指标。增长可以看同比（今年同期跟去年同期比），也可以看环比（本季度跟上一季度比，或者本月跟上一月比），也可以用滚动周期来看（如滚动一年，即最近 12 个月的总和跟去年同期 12 个月的总和比，英文叫 MAT，即 moving annual total）。

二、市场分析：

销售不能光看自身的达成和增长情况，还要跟市场比，跟同行比，如此才能看清自己的真实表现。比如，自身年增长率20%，比去年的15% 要好。但是如果市场本身的增长率在30%，那自身只增长 20% 实际就是倒退了。

•市场占有率：要分析市场占有率，首先要明确目标市场的大小，以及把谁当竞争对手？医药行业有第三方市场调研机构提供样本医院的医药产品采购数量，再根据一定的模型推总，就有了全国市场的数据。医药企业每年会购买这些数据，作为自身市场分析的客观依据。

・竞争分析：同样道理，紧盯对标的竞争对手的产品销售策略、市场表现、招投标中标情况、覆盖的区域和医院，才能做到知己知彼，百战不殆。

三、拜访和活动分析：

销售业绩和市场表现是营销的结果，那是什么营销动作促成了如此的业绩表现？总结经验和教训，不断改进，才能永立不败之地。这就要回来分析 SFE 理论中那些过程管理的关键点做得如何？

・覆盖率和频率：通过分析对目标客户（医疗工作者，如医生）的拜访和活动，做到关心每个客户，同时按要求的投入频率来安排拜访和活动，以便求得最优的投入产出结果。

・DaysIn Field（DIF）：销售代表和一线销售经理的主要工作是在一线跟客户做学术推广，公司和个人都要尽量压缩非销售工作时间，因此衡量实际花在直接销售活动上的天数就是一个直观的考量指标。

・信息传递和反馈：学术推广的核心是向医生传递产品的学术信息和价值，医生对所传递的信息的反馈是衡量我们提炼的 message（信息）是否有效的考核指标。比如，如果大部分医生对某个信息的反馈都不是我们想要的，那就说明我们提炼的信息或者传递的方式有问题，需要修正。

四、客户分析：

只有对正确的客户做正确的信息传递，才可能有好的营销绩效，所以 SFE 理论也会分析客户的情况。

・区隔和分布：客户分析相对比较简单，主要是看我们的目标客户的区隔和分布情况，如 A 类客户是否足够？ C 类客户是否太多？

・客户画像：随着数字化的推进，对客户的分析也将越来越深入。

上述简单介绍了医药行业 SFE 理论所关注的主要分析领域，这些分析看似简单，但却是营销绩效管理的关键驱动要素。在实际应用中，虽说关键都是这些分析，但医药营销管理团队，即 SFE 团队，却会从多种维度去深入剖析这些指标，以便从宏观至微观审视各个业务环节。

SFE 常用的分析维度有：

· 时间维度：月、季度、年度、MAT。

· 产品维度：治疗领域、品牌、产品。

· 地理维度：全国、省、市、县。

· 客户维度：医院级别、客户区隔。

· 营销团队组织架构维度：事业部、大区、地区。

· 人员维度：事业部总经理、大区总监、地区经理、销售代表。

要做到跟踪和管理营销绩效管理的关键驱动要素，没有相应的计算机管理系统，单靠手工来收集数据和进行分析是很难完成的。SFE 理论从它实行的那天起，就伴随着相应的 IT 系统的引进和应用。下一章我们将会谈谈医药行业的主要营销管理系统以及数字化。

■ 【案例 13：违背 SFE 支付代价】

外资制药企业 P 公司专注于创新药物的研发，覆盖的治疗领域和产品线非常丰富。P 公司在国内的业务也一直稳步发展，它以学术推广为主要手段，位于外资药企的第一梯队。H 公司是中国的一家民营制药企业，以仿制药和原料药为主，主要通过商业渠道来销售自己的产品。

P 公司当时考虑到如果有些药过了专利期，再做高端的学术推广成本会比较高，希望寻求一种更接地气的符合我国实际的推广方式，所以要尝试做民营模式。它希望通过跟一家民营企业合资，来探索推广仿制药和普药的做法。如果能建立起这样一个队伍，能够做好仿制药的推广，普药的推广，那等某些药品在我国过了保护期之后，面对可能的降价风险，就有一支比较成熟的低价药推广团队帮助公司继续推广下去了。

H 公司作为一家民营企业，主要通过经销商渠道供药给医院，有医院销售队伍但以关系维护为主，希望能够通过与一家外资药企合资，学习外企的专业化推广模式，同时通过合资企业的品牌带动自身普药的销售。

大概在 2010 年，P 公司和 H 公司成立了合资企业，H 公司占比 51%，P 公司占比 49%。P 公司当时拿出了十几个有一定知名度的未过专利期的产品，还拿出了二十几个过了专利期的产品，加在一起有四十几个产品，跨不同的治疗领域，包括超级抗生素，治疗癌症的药物，还有一个血液实体肿瘤药物，以及一些高端的治疗肿瘤药物、心血管的药物，治疗慢病类的药物等。同时，P 公司原来的一个约 300 人的销售团队也加入了合资公司。H 公司这边约 400 人的医院销售团队，以及约 30 ～ 40 种普药也注入了该合资企业。

双方对合资企业都满怀希望。合资企业在营销推广领域碰到的第一个问题是基础数据薄弱，主要表现在：

一、医生信息缺乏。P 公司不会把全部的医生名单都给合资企业，它只是把跟这些疾病治疗相关的一部分医生的数据拿了出来。还有一些医生可能会处方多个 P 公司的产品，而有些产品是不在合资企业做的，那这部分医生的信息 P 公司就不会拿出来。在 H 公司那边，以前没有系统来管理，医生信息都在销售代表个人手里，就更难一下子完成收集整理工作。

二、即使有医生名单，以前对这些医生做过哪些教育，医生对产品的认可程度，对医生的拜访，哪些是重要客户等信息 P 公司是不可能拿出来的。P 公司最多说明这些药已覆盖哪些医院，但在医院的推广信息没有。H 公司那边此类信息就更加没有了。

三、学术推广资料不全。P 公司拿过来的医药产品即使是已过专利期，即使是普药，它还是有自己的学术性、专业性、品牌的，H 公司的医药产品这方面就严重不足。虽说合资企业要探讨新型有效的普药推广模式，但学术性还是要的。

四、有关产品定价问题。外资企业的产品，P公司也不例外，它都有个内部考核价，以便简单有效地评估销售业绩。H公司的做法，是用内部的核算价，核算价有可能包含了一些销售费用，一个产品可能有几个价格，在不同的省份也可能价格不一样，这就对业绩考核提出了挑战。

除了基础数据缺乏，双方销售团队如何融合也是一大难题。P公司的销售团队原来更多的是做学术，而H公司的销售团队相对来说更注重的是跟经销商做商务，通过经销商做医院的关系，虽说也拜访医生，但主要目的还是要医生进药，而不是做学术。所以，两边代表的起点是不一样的，工作经验和要求也不一样。

有鉴于此，可想而知合资企业第一年要完成销售业绩的压力有多大。没有基础数据和历史数据，不能确定目标医院和目标医生，无法估算各医院的产出，也就无法把公司总的营销目标合理地拆分到产品和医院，无法给代表划分管辖区域，无法下达合理的业绩指标和工作目标。那也就很难知道公司的销售业绩目标是否能实现，绩效考核也很难落地。

合资企业成立之初就设立了营销绩效管理即SFE团队，聘请了业内有经验的资深人员，但是再强的SFE团队也难为无米之炊。合资企业的营业执照是2010年9月拿到的，11月就要出第一批货给经销商，12月份就要制定下一年的销售指标。合资后销售额能比合资前增长吗？能增长多少？为什么？不能说原来100个人做，现在有500个销售代表，销售额就能翻5倍。代表说从来没做过这个药，那边医生也都不认识，怎么做到这个目标？不能翻5倍，那能翻几倍？这就需要公司高层、营销高管、销售团队、SFE一起讨论，找到合理的销售点。

第一年只能摸索。销售组织架构采用不按产品线分团队，每个代表都能卖所有的产品；代表的销售区域按地域划分，无法全部下沉到医院；

销售业绩指标自下而上，前三个月先由代表自己上报，经理在个人之间平衡，第二个季度根据实际销售结果再逐步调整。SFE 一开始就是为了整合销售，要搞清楚整个销售的基数，医院的着力点在哪里，前半年花大量的精力进行梳理，这样才可能有一点历史数据，有一些积累，在整个指标的确认上面逐步建立起一个比较合理的基础。

第一年针对销售团队还要做的一件事就是日常合规行为的培训，特别是针对 H 公司那边的代表，培训如何做学术推广、如何开院内会，合规要求，等等，都得从头学起。

合资企业共有 40 ~ 50 个产品，销售不分产品线，每个代表都卖全产品引发了一系列的问题。一是代表不可能对每个产品的学术知识都掌握得很好，都能跟医生做学术沟通。二是合资企业共约 1300 个销售代表，但放在全国来看人数太少了。一个代表负责的医院和医生太多，根本服务不过来。在大城市大医院客户还比较集中，中小城市有些代表照顾几个地方，还要出差，有效拜访时间就更加少了。三是这些产品的治疗领域跨度很大，有肿瘤、抗生素、慢病、内分泌、免疫药等，不同治疗领域的推广方法有差异，市场策略有差异，代表不可能全能。四是 P 公司的产品主要走高端医院市场，而 H 公司的产品则主要在中低端市场，这几类市场的玩法也不一样，一个代表要高低通吃，更加是不可能完成的任务。

合资企业在第一年设置了激进的销售目标，但销售模式处于一个自由探索的阶段。公司把一块地给了代表，代表自己看着办。公司无法给代表更多的指导和管控，代表也没法得到所有的资源，连时间都不够。在这种情况下，代表肯定是做自己以前熟悉的领域，勉为其难碰碰新领域，或者做品牌知名度高、销售政策好的产品，销售业绩可想而知。代表本身对此状况也不满意。

针对上述状况，合资的第二年，企业市场部和 SFE 开始对销售团队提出要求。比如，市场部想了很多的方式，包括它的投入，或者培训，让原 P 公司的代表多去了解一些仿制药的推广方式，让所有代表都去对疾病有所了解，所以后来的培训侧重点就强了。SFE 团队根据一年的实际数据以及销售团队上报的信息，主要做了以下几项工作。

一、引入 QlikView 这个被业界广泛使用的 BI 数据分析和报告系统，先从销售结果开始，追踪并分析经销商以及医院终端的销量数据。彼时我国的经销商还非常多，一个药从企业到一级经销商后，可能经过 3 到 4 级经销商才最终到达医院。追踪药品流向是一大挑战，更何况还有窜货情况发生；不追踪就可能在考核代表业绩时重复计算，以及产生其他一系列的连带影响。有了 BI 系统，也能让管理层、市场、销售、商务等部门看到统一的数据，提高沟通和决策的效率。

二、整合客户数据。通过 BI 系统逐步理清目标医院、一级和二级经销商的同时，SFE 开始整理医生数据，先从讲课的医生开始，还有参会医生的登记等，逐步整理。但因为没有采用 CRM 系统，这些信息从代表收集、整理和更新，以及汇总非常困难。

三、抓合规。P 公司的合规很严格，它对子公司的合规要求也很高。第一年在内部审计的过程当中就发现了很多合规的问题，比如在一些费用的用法上面。所以第二年合规的紧迫性提高，费用的管控等排上了日程。

即使如此，要建立起有效的营销管控还是非常困难。外企采用的学术推广方法能真正让医生清楚医药产品的适应证和治疗原理，虽说短期不一定能看到好的销售结果，但它确实能让业绩稳步增长，有可持续性。反之，如果只有短期目标，只看当前业绩，那也有很多"技巧"可以做到，比如给经销商压货，但绝对不能持久。合资企业的营销在第二年还是"野蛮生长"，仍然没有找到外企和民企推广模式的融合应该在哪里。

经过两年的"散养"，到了第三年，SFE 哪怕有数据了，去要求销售团队的时候，它也不愿意被管束了，想要"自由"了。这就像野蛮生长的是草，这块地你把草长满了，稻子怎么长？如果是野蛮生长的，也就是野蛮生长的是坏习惯，而不是说是持续增长的好习惯。

合资企业最终在 5 年后终止。P 公司退出，想探索出在国内市场推广普药和非专利药的低成本模式的目标没有达到，反而可能得出一个自己应专注在专利药和高端药物的学术推广模式的结论。另一方面，H 公司从中看到了外企那套营销管理方法的有效性，看到了学术推广的威力，除了继续使用原来的 BI 分析报告系统，保留了 SFE 团队，同时还开始引入 CRM 系统，加强对销售团队和客户的管理。

从这家合资企业的营销管理历程，我们可以从中学到：

·当企业有多种产品、覆盖多个治疗领域时，不应采用全产品的销售组织架构，而应按产品线分组，以保证对各个产品的专注。

·基础数据和基本业务的管理需要越早做越好，以建立正确的管理理念和手段。

·需要借助 IT 手段实现管理的要求，单靠人和手工管理很难实现管理的及时和有效，特别是在企业有一定规模时。

3.3　SFE 部门的职能和主要工作

虽说 SFE 的理念是由外资医药企业带进国内的，但 SFE 部门并非一开始就成立了。它最早的起源是销售行政部门（Sales Admin，简称 SA），类似于销售助理，帮助销售团队做一些行政事务性工作。这时期它是销售团队的一部分，汇报给销售的负责人。随着外企在国内业务的增长，销售行政成长为"SFE"，开始做销售队伍有效性的管理，汇报线尚未完全脱离销售部门。到如今，外企已将 SFE 在内的所有商业运营相关的管理归入一个独立的部门叫商业运营（Commercial Operations，简称 CO），CO 的最高职位是副总裁，是公司核心管理层的一员，跟销售 VP（副总裁），财务 VP，人事 VP 等平级。

从 SA 一路走来到 SFE 再到 CO，从隶属于销售团队的行政部门到负责公司商业运营管理的独立部门，SFE 整合了其他职能的部分工作，负责的内容也不断扩大。如今 SFE 的职责范围包括战略计划、人力资源、销售管理、销售运营、培训发展、数据分析、财务计划等方面与营销绩效管理相关的工作。本章讲到 SFE 部门时，其实是在 CO 这个更广泛的范围内来谈 SFE。

SFE 部门的核心使命是通过闭环管理帮助公司把营销做得更有效。SFE 首先根据公司或者市场部制定的政策做好相应的规划，如销售指标和资源分配计划；其次赋能医药代表更高效，比如目标客户的定位、激励和奖金政策；再者检查执行过程和结果，最后及时反馈给管理层并提出建议。在工作中，SFE 通过数据分析、流程优化、监测反馈、IT 系统等手段，促进精准高效的销售行为，助力公司达成营销绩效管理的目标。

由此可见，SFE 部门对从业人员的能力要求非常高，主要在以下几个方面：

1. 全面了解业务。

2. 洞察力：强大的数据处理和分析能力，理解数据背后的业务含义。

3. 沟通能力：能跟各级销售团队进行有效的沟通，并能提出建议和提案。

4. 项目管理能力：SFE 经常上不同的项目，需要有能力协调各个部门，推进项目的进展，促成项目的成功。

5. 抗挫能力：SFE 在工作中需要赋能并督促其他部门，难免会碰到各种不理解，因此 SFE 需要关注细节，用数据或事实说话，并拥有极强的抗挫能力。

SFE 部门在日常工作中，会面临来自多方的压力和挑战：

1. 来自自身的挑战：

• 工作压力大：经常超时工作。

• 人手不够：人头（headcount）冻结，不能增加人手。

• 工作重复，效率低：内外部团队之间不能共享信息，需要重复收集、整理、更新。

• 专业知识和技能不足：不了解行业，不了解业务。SFE 人才从销售或管理岗位转过来的不多，特别是具体做工作的基层，许多人是大学毕业就进入，没有在业务一线的工作经历，所学专业也不一定跟医药、营销或管理相关。

2. 来自业务团队的挑战：

• 不懂业务：你做过销售吗？没做过，凭什么告诉我应该怎么做？

• 指标分配不合理：分配不公平，不能接受；无法就指标分配达成一致意见。

• 奖金政策不合理：指标提高了，奖金没多拿。

• 数据有问题：给的报告不正确，比如销量算少了，奖金算错了，等等。

• 服务不及时：不能按时提供数据和报告。

3. 来自管理层的挑战：

• 奖金政策有问题：

• 奖金政策有漏洞：业绩没上去，奖金超发了。

• 奖金政策没有鼓励公司想要的行为和结果。

• 数据有问题：给的报告不正确，管理层可能因此做出错误的决定。

• 服务不及时：不能按时提供数据和报告，公司可能错失业务机会。

SFE 部门为赋能业务链长期以来做了大量努力，他们工作的主要关注点在如下。

1. 客户管理：制定客户信息更新流程，对客户潜力进行评估，维护客户数据库。

2. 区域管理：根据公司策略确定销售区域的划分，辖区的分割，以及销售团队的部署。

3. 指标设定：协助公司将销售指标层层分解，落实到辖区、客户、产品和人，做好相应的资源分配，并动态监控指标的达成状况。

4. 奖金政策：制定奖金激励政策，做好绩效考核、奖金核算工作。

5. 销售过程管理：按 SFE 绩效管理理念，监测评估销售团队的学术推广活动，及时发现问题，提出改进意见和方案。

SFE 部门的建立从组织上确保了 SFE 营销绩效管理的贯彻执行，能带给企业营销的价值体现在：

1. 对一线销售：

· 提高个人业绩。

· 提高销售能力。

· 激发销售士气。

· 提高销售精准度。

2. 对销售管理层：

· 合理设置业务目标。

· 提高人均生产力。

· 降低达成人员比例。

· 合理配置团队和资源。

3. 对公司决策层：

· 优化投入产出。

·提高销售执行力。

·提高决策效率和质量。

·完善销售管理体系。

SFE 要成为公司内部的营销绩效管理顾问，需要通过跟其他部门的协同作战助力公司达成营销目标。本章接下来的几节，我们就从客户、区域、指标几个方面来谈谈 SFE 部门的具体工作。

3.3.1　SFE 部门的工作之"区隔和定位"

有效的营销需要对客户进行有效的定义，找到自己产品的客户群。在本章前边的章节中我们讲过 SFE 的理念之一是"市场定义"。对目标市场的选择，医药企业要综合宏观和微观市场的数据，从了解相应疾病的发病率、诊断路径等维度定义目标患者的特征，到选定省市市场，再到选择目标医院、目标科室和目标医生，这是一个系统的分析和决策过程。在此过程中，SFE 在目标医院和医生的选定上提供至关重要的评估模型作为选定客户的依据，指导销售团队聚焦目标市场。

首先，目标医院的选定。大家常用的一种方法是十分位法（Decile），即将医院按综合评估值从大到小排序，然后按综合评估值之和占总评估值每百分之十拉一档，就将医院分成了十档，分别叫 D1 到 D10。D1 档的医院数量最少，这些都是大医院；D10 档的医院数量最多，但都是小医院。至于用于评估的综合指标中都考虑哪些因素，各家制药企业会有不同的考量，比如考虑年西药采购量、病床数等。

其次，目标医生的选定。在当前的数字化转型时代，大家都在谈论的客户画像，其实医药行业早就是这么做的。同时，医药行业不仅对客户的现状进行画像，对客户的将来也进行描述，这就是医药行业所采用的客户双重价值评估模型。

第一重，评估客户的现状，即该客户对医药产品目前的情况是支持、反对、还是没有分别？需要指出的是，这里所讲的客户是指医疗从业人员，主要是医生，也包括药师、护士等。虽然，衡量医生对医药产品的支持情况，最直接的指标就是处方量，但为避免代金销售等，在我国医生处方量是不可以收集的。退而求其次，对医生处方现状的评估是由医药代表根据公司的政策主观评定的。比如，将一个医药代表的医生按医药代表认为的支持度从高到低排个队，排在前30%的医生为对产品高支持度，其后的40%为中支持度，剩余的为低支持度。

第二重，评估客户的潜力，即该客户对医药产品从发展的眼光看，他的处方潜力是大还是小？如果说对客户支持度的评估是医药代表主观判断的，那对客户潜力的评估就是客观的，是由公司制定的特定指标来衡量的。在我国，常用的衡量指标有：

·医院级别：我国的医生基本都在医院执业，而中国老百姓看病都喜欢往大医院跑，因此医院级别与医药产品的需求量直接相关。

·科室：医药产品都针对特定的疾病，而医院诊疗是按人体系统分类的，因此医生是否在相应的科室执业，对该医生处方相应医药产品的量影响很大。

·职称：这是指医生的专业水平，如教授。职称级别越高，资历越长，通常年龄也大。患者都喜欢找老医生看病，因此职称高的医生患者多，开处方的机会也就多。同时，职称高的医生对小医生的影响力也大。

·职务：这是指医生的行政职务，如科主任。

·患者数：在给定时间周期内的平均患者数直接反映了医生潜在的处方量。但是，与前边的四个指标不同，平均患者数只能是估算。

有了这些衡量指标，如何最终确定客户的潜力？医药行业使用的是加权平均法。步骤如下：

·首先，为每一个指标的不同取值范围制定一个分值。

· 第二，为每一个指标规定一个权重，各指标的权重之和为 100%。

· 第三，收集客户信息，根据数据范围折合到分值。

· 第四，将分值乘以相应的权重后相加再除以分值之和，得出每个客户的潜力值。

· 最后，根据正态分布将潜力值归入高、中、低三类。

为便于理解，表 3-6 给个示例：

表 3-6　客户潜力评估示例

产品　　　　　　　X
治疗领域　　　　　心血管

参数	权重（重要程度）	参数取值	分值		王医生基本情况	王医生得分	王医生针对产品A的潜力
医院级别	30%				三甲医院	10	得分*权重=10*30%=3
		三级	10				
		二级	7				
科室	30%				内科	8	2.4
		心内科	10				
		内科	8				
		老年科	6				
职称	15%				副教授	8	1.2
		教授	10				
		副教授	8				
		其他	5				
职务	10%				无行政职务	5	0.5
		科主任	10				
		副主任	8				
		其他	5				
患者数（月均）	15%				80	7	1.05
		100以上	10				
		70～100	7				
		70以下	5				

医生潜力分类	潜力得分		王医生潜力类别	潜力得分（总和）
高潜力（A类）	9～10		B	8.15
中潜力（B类）	7～8.9			
低潜力（C类）	5.9～6.9			

在完成对客户的处方现状和潜力的评估后，医药行业的常规做法是把客户按九宫格归类，如表 3-7：

表 3-7　客户分类九宫格

潜力

高	A1	A2	A3
中	B1	B2	B3
低	C1	C2	C3
	小	中	大

支持度

有了这样一个九宫格，医药企业就把客户做好了区隔，针对每一区隔制定相应的产品推广策略，以便提高营销的有效性。比如，针对高潜力但支持度低的 A1 类客户，可以采用的推广策略是加强对医生的学术推广，邀请医生参加学术活动，对医生在处方中碰到的问题及时解决，提高医生对产品的支持度。再例如，对潜力低支持度高的 C3 类医生，保持跟医生的联系，控制投入。

在实际应用中，如果我们企业在一个治疗领域有多个产品，医生可能处方不同的产品，那对医生的价值评估就要针对每个产品来做。如果我们在一个治疗领域有不止一个产品，产品的重要程度不同，那最好针对每个产品也考虑一个权重，以便对医生的区隔更精准。

另外一个要注意的点就是，虽然同一个客户对不同产品的价值不同，但客户是同一个人，因此我们还要考虑如何看待这个客户总的价值。我们当然可以再采用加权平均的方法，但行业内普遍的做法是取最高值，即只要该客户对其中一个产品的价值是 A，那他就是 A 类客户，即高价值客户。

做完了客户区隔，就可以根据客户区隔来做好客户定位了，即选定跟我们产品和市场策略相匹配的客户区隔，使我们的产品在这些客户区隔中有特定的优势，以提高我们产品营销的绩效。

以上我们讲解了医生的区隔和定位，针对其他类别的客户，如护士、KOL、医院、药店、经销商等也可用同样的方法进行区隔和分类，差别仅在于采用的衡量参数不同。

3.3.2　SFE 部门的工作之"指标设定"

医药行业的指标管理有一套严格的方法，其主要特点如下：

1.指标的设置不以人或者医药代表来设置，而是按客户（医院、药店）来设置。

2. 指标不笼统地设置，而是按各个产品来设置，甚至按不同的剂型来考虑。

3. 指标不仅仅是年度指标，而且会分摊到每个月。

4. 指标不仅仅是一年设一次，而是根据市场和自身表现定期调整，比如每季度微调。

5. 指标不单单指销售指标，还包含与其配套的资源投入预算，以及相应的人力资源配置目标。

医药行业每年的八、九月份就开始为设定明年的指标做准备，十月份和十一月份经过多轮沟通和调整，在十二月份基本上来年的目标就确定并落实到每家医院每个产品了。这其中有大量的工作要做，SFE 部门通常有专门的团队负责，甚至有专门的 IT 系统来提供相应的指标设定工具。

指标设定的一般流程为（图 3-1）：

1. 公司管理层确定明年的公司目标、销售总指标和预算，以及明年的营销策略。

2. 将总指标分解到各个治疗领域各个产品，这通常是公司管理层跟医学部和市场部讨论决定的。

3. 重新审视今年的市场，完成明年的市场定义，选定目标省市和医院（目标医生的选择可以晚些时候再做）。这是 SFE 在指标设定前要完成的工作。

4. 将销售指标按产品分到各个省，这是指标设定的第一步。然后大区经理（通常负责几个省）对公司分配的各省产品销售指标进行调整、确认。

5. 第二步，将省级产品销售指标拆分到医院产品销售指标。区域销售经理（DSM）对医院产品销售指标进行调整，并得到各级上级经理的同意。

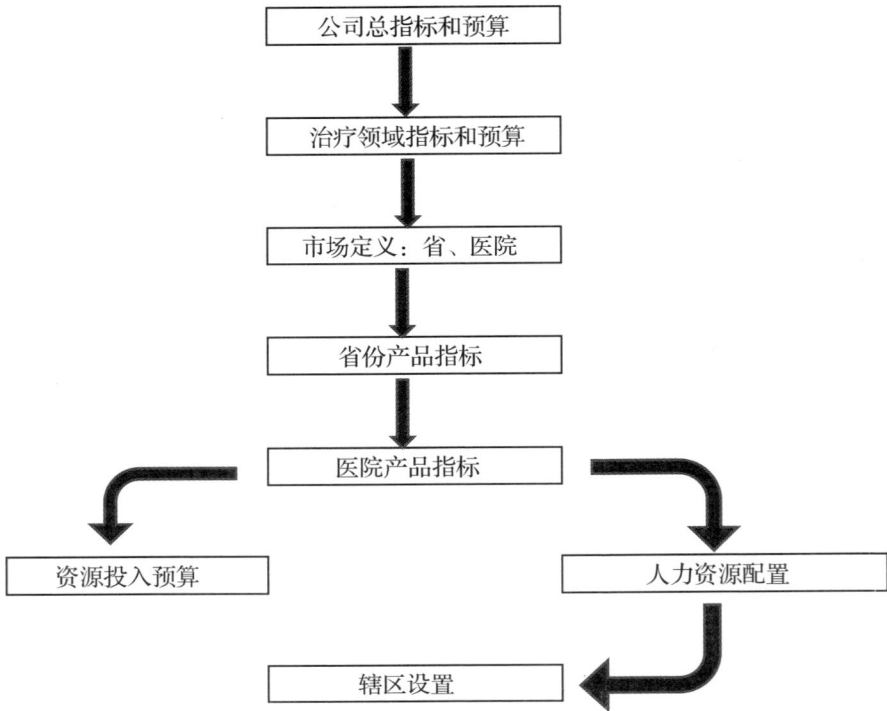

图 3-1　指标设定的一般流程

6.第三步，SFE 将确认后的年度医院产品销售指标分摊到明年的 12
个月。如果产品有季节性，或者公司有其他考量，年度指标就不会均摊
到每个月，而是会按比例分摊。

7.第四步，SFE 根据公司的营销策略分配相应的资源投入预算。这
些资源投入包括市场活动、科室会和其他学术推广会议、拜访等。

8.第五步，确定公司明年的人力资源配置目标，即人头数（headcount，
简称 HC；或者叫 full time equivalent，即 FTE）。这一步不一定跟在第四
步后边，可以在它之前或者同时做。FTE 的确定主要考虑人均生产率。
确定了 FTE 就可以建立和设置辖区了。

如何将销售指标设定得合理，既满足公司要增长的目标，又能让销售团队有信心跳一跳可以达成，对 SFE 来说是个巨大的挑战。除了借助咨询公司等外脑，SFE 也不断尝试不同的方法论和算法，力求兼顾到各种状况，尽量使分配到省份和医院的初步指标公平合理。虽然通常公司允许各级经理做一定的调整，但该调整只能在该经理负责的省份或医院间进行调整，总额是不能变的。换言之，SFE 给出的指标分配方案确定了一个经理将承担的销售指标总额。所以，SFE 的指标设定这一步非常关键。

设定销售指标本质上是预测明年的市场。中国的医药市场发展变化非常快，政府在推动各种变革；医药企业要拓展产品、进入新市场、实现销售增长；竞争加剧，对手在增加；数据和信息不完善；等等，这些因素，都给预测未来增加不确定因素和难度。到目前为止，还没有看到哪个方法论或算法可以很好地解决这些挑战。

无论采用何种指标设定方法，SFE 都希望指标能反映市场潜能，能分得公平合理。因此，需要对指标算法和方法论进行验证。笔者曾在一个咨询项目中做过验证，现分享给大家。

指标公平性验证的基本原则：

·按产品来验证，不同产品之间不存在可比性。

·按同一省份内的医院来验证，不同省份的医院之间没有可比性。

·合理的指标分配应该兼顾以下几个方面：

·医院潜力：潜力大的医院指标应该较高。

·医院市场占有率：市场占有率高的医院可以增长的空间有限，指标应反映现实。

·不鞭打快牛：不能因为以往做得好就指标高，需要综合考虑其他因素。

·不追求绝对公平，只要相对合理：绝对公平很难，只能在一个省内同一个产品的各医院指标间寻求相对合理。

指标公平性验证的方法：

·采用真实数据：不仅原始数据是真实的，指标数据也是真实的。

·从多个角度验证：

  ·指标 *vs.* 潜力。

  ·增长 *vs.* 市场份额。

  ·增长 *vs.* 业绩贡献。

·从指标分配结果开始验证，如有必要再层层深入分析模型中采用的各个参数。

·采用 BI 工具（如 QlikView）展现验证的结果。

指标公平性验证：以"增长 *vs.* 市场份额"为例：

·方法：

  ·增长率考虑的是未来 = 医院 2018 指标 / 医院 2017 销售预估 -1。

  ·市场占有率考虑的是现状 = 医院 2017 销售预估 / 医院潜力。

·合理性标准：

·市场占有率高的医院，指标增长率应该低；反之，市场占有率低的医院，指标增长率应该高。

·验证结果：根据验证结果，调整指标分配的方法论和算法，并选择多个省和多个产品进行测试，不断优化。

3.3.3　SFE 部门的工作之"辖区管理"

市场定义和指标设定虽说已将全年的任务落实到了每家医院和每个产品，但结果的达成还是需要人，即医药代表和各级学术推广团队的经理，来承担任务。一个简单的做法可以是把一家家医院产品分配给一个个医药代表，但这样做很繁杂，在医药代表高流动率的现状下维护工作量很大。

同时，这种做法还很不容易平衡各个医药代表的指标和工作量。有鉴于此，医药行业采用了设置辖区（territory）的方法。

许多行业都会给销售人员划定负责的区域和范围，可以是按行业或者按产品，然后用地理位置划定一个范围，比如销售员张三的区域是江苏省苏州市区，他负责在此区域内所有汽车行业的客户。对医药行业来说，这样划分的一个区域太大，一个医药代表负责不过来，需要把区域缩小。

如何缩小？拿美国来举例，他们用 Brick 来划分。一个 Brick 是一个比邮政编码（Zip Code）还小的地理范围。Brick 是由一家第三方公司设立的，被美国的医药企业所采纳。但在中国，没有现成的 Brick，医药行业用辖区（territory）来划分。辖区不是由第三方公司建立而后被医药行业采纳的，它是由各家制药企业自己建立的，没有统一的标准。其次，辖区不是一个地理范围，它是一组医院和产品的组合，所以它不受行政区划的限制。

辖区管理是 SFE 的日常工作之一，它涵盖三方面的内容。一是学术推广团队的组织架构（Organization chart）。二是将一组医院和产品的组合分配给一个辖区（territory alignment）。三是安排一个或多个医药代表来负责一个辖区（territory alignment）。这三方面的具体内容我们在 3.2.2"营销团队组织和部署"中已讲过，在此不再赘述。

辖区的设置（territory alignment）要尽量做到均衡，给每个医药代表相近的市场机会和工作量。Territory Alignment 的示意图如图 3-2 所示。

辖区管理是 SFE 日常的核心工作之一，保证辖区信息的准确和及时更新，对医药行业的营销管理意义重大：

· 帮助管理层及时了解一线团队的人力资源以及部署情况。比如，发现大量缺员，要考虑是何原因以及需要采取的措施。

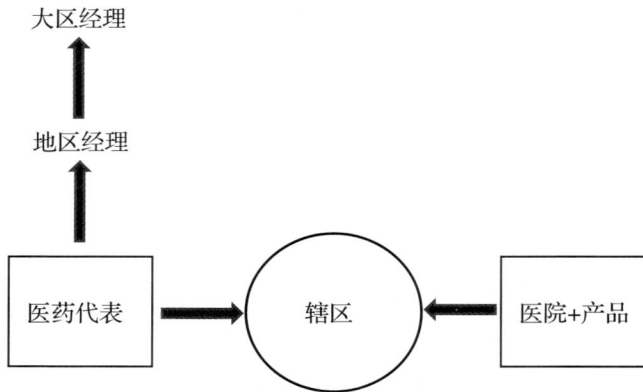

图 3-2　辖区设置示意图

·帮助管理层及时了解目标医院和目标医生的变动情况。营销是一个长期工作，如果目标客户经常有变动，意味着企业很多的投入可能半途而废。

·它是对销售团队进行绩效考核的依据。准确记录每个团队成员在各个周期（业内通常按月考核）的工作分配情况，实现有效考核，减少投诉和抱怨。

·它是 CRM 系统、BI 数据分析系统、奖金系统等所有跟营销相关的系统的输入，为这些系统提供基础架构信息。

辖区管理看似简单，但工作量很大，还会面临一系列的挑战和困难：

·销售团队人员变动信息不能及时通知到 SFE：SFE 不直接接触销售团队，这些变化都需要被通知到才知道。人员变动信息的一个主要来源是公司的 HR 人力资源系统，但该系统的人员信息更新通常滞后于人员实际到岗的时间，造成新人已开始工作但 HR 系统尚未更新，引起辖区信息没有更新，新人无法使用比如 CRM 系统。

·组织架构大调整，没有给 SFE 足够的时间去更新辖区信息。

·辖区划分规则复杂，还有很多特例，很难用标准的辖区管理系统来处理。

　·辖区信息是许多其他系统的基础数据，调整辖区时要考虑对其他系统的影响，对历史数据的影响，不能疏忽。

3.3.4　SFE 部门的工作之 "奖金政策"

奖金是一个重要的激励手段，SFE 负责销售团队的奖金政策的制定、业绩考评以及奖金核算。医药行业的业绩考评通常每个月都在做，但奖金的核算以及发放一般按季度执行。

作为一个重要的激励手段，奖金的目的是将销售团队的行为导向公司倡导的方向，奖励公司认可的行为和结果。这也体现了 SFE 绩效管理理念的精髓，即通过行为的改变实现需要的结果，重视过程和结果。由此也决定了医药行业的奖金政策不会是一个简单的跟销售量直接挂钩的百分比，而是兼顾了许多方面，体现了公司的营销策略和导向。比如，公司新上市了一个产品，希望明年能打开市场，相应的奖金政策就会设一个医院进药奖。再比如，如果设置了一个增长奖，那就说明提高增长率是公司明年的一个策略。SFE 就是这样通过奖金政策的导向作用，来帮助实现公司营销策略和政策的落地。

奖金是一个重要的激励手段，但对公司来说，它也是一笔很大的成本支出。医药行业的奖金政策非常复杂，有多项内容，多种衡量指标，一定要仔细测算，避免出现奖金发放跟公司收入不同步的情况。如果销售业绩中等，而奖金却超额，那就会让公司的成本支出过高，利润下降；反之，如果业绩好而拿到的奖金少，那奖金也就起不到应有的激励作用了。

有关奖金和激励的理论和书籍非常多，有兴趣可以去进一步了解，本书不再赘述。

3.3.5　SFE 部门的工作之 "数据分析"

SFE 对营销绩效的监控是通过数据分析来实现的，对数据的处理、分析和解读是 SFE 团队的核心工作之一。

SFE 掌握的数据很多，主要包括：

- 主数据（master data）：定义各类对象的数据。

- 机构客户主数据：医院、药店、经销商基本信息和潜力等。

- 个人客户主数据：医生、药师、药店店员基本信息和潜力等。

- 产品主数据：治疗领域、产品（品牌）、剂型、规格。

- 组织架构和人员主数据：人员、职位、上下级关系。

- 辖区主数据：辖区医院产品关联关系、辖区人员关联关系。

- 过程数据：记录各类学术推广过程的数据。

- 拜访数据：拜访类型、产品、传递的信息、客户反馈等。

- 市场活动：活动类型、产品、主题、参与客户、客户反馈等。

- 辅导：辅导类型、评价、下步计划等。

- 结果数据（result）：反映学术推广结果的数据。

- 销售：销售量和销售额。

- 第三方数据：由企业购买自第三方的数据。

- IMS 市场表现，IMS DDI 数据。

- CPA 医院购药数据。

- 卫生部信息，南方所等。

为保证数据质量，SFE 会对这些数据的日常维护和收集制定相应的政策和流程。比如：

- 主数据中机构客户和个人客户数据的更新一年一次，由医药代表更新并需得到上级经理的批准。

- 组织架构通常一年更新一次，但人员信息每月更新。

- 辖区主数据每月更新一次，且需保留历史。辖区调整需要得到经理和 SFE 批准。

·过程数据需要在发生后及时录入 CRM 系统，要求每日更新。

·结果数据是通过第三方流向数据平台更新的，最好的目前能做到每日更新。

·第三方数据目前比较滞后，需要 45 天至 60 天后才能提供。

SFE 部门常用的数据处理工具是 Excel，几乎人人都是玩 Excel 的高手。同时，SFE 也在不断利用 IT 技术帮助自身更有效地处理数据。我们下一章将关注医药行业采用的各种数字化系统和工具，它们是医药营销管理的基础设施。没有这些基础设施，我们本章以及上一章所讲述的医药营销理念就很难有效决策和落地执行。

▓ 【案例 14：SFE 是好参谋】

大容量注射液俗称大输液（LVP），通常是指容量大于等于 50mL 并直接由静脉滴注输入体内的液体灭菌制剂，并以此区别于小针与粉针注射剂，是我国医药行业五大类重要制剂之一（五大制剂是指：片剂、胶囊剂、注射剂、冻干粉针剂、输液剂），临床上应用非常广泛。

按其临床用途，大输液大致可分为五类：1）体液平衡用输液即基础输液；2）营养用输液；3）血容量扩张用输液；4）治疗用药物输液；5）透析造影类。目前国外大输液品种有 200 多个，国内仅有 100 种左右。根据前瞻研究院数据，分类型看，国内基础输液大概占 60%，而治疗型输液比例不超过 15%，这和国外（治疗性输液占比 50% 以上）相比差距非常大。此外，国内治疗性输液、营养输液产品主要分别集中在抗感染类、糖类、氨基酸等品种，未来发展方向为代血浆制品、多器官移植用器官保存液、透析手术液以及其他临床需求高的治疗性输液等高附加值且市场空间大的产品。

近十几年以来，国家政策做了很多改革，包括新版 GMP 改造、基药招标降价、门诊限制抗生素、限制大输液使用等，这些政策对大输液行业带来了快速的整合，中小企业退出输液市场速度比以往任何时候都要快。根据产业信息网披露，2012年以前我国有400多个输液工厂，现在正常运转的不超过30个，行业四大龙头科伦药业、双鹤药业、石四药集团以及辰欣药业在主导这个市场，行业内部竞争趋缓。正是由于行业产能出清与集中度的提升，龙头企业获得了更多的市场份额，实现了超过市场平均增速的业绩增长。

在这个市场中，有一个隐形的器械市场，就是配合输液需要的注射穿刺装置，各种连接工具和管道器械。伴随科技和输液技术的发展，静脉穿刺工具也发生了重大的变革，从最初的羽毛管不断演进，目前采用的主要包括头皮钢针、静脉留置针、经外周静脉置入中心静脉导管（PICC）、中心静脉导管、中长静脉导管等，而其中的静脉留置针由于具备对血管刺激小、可留置多日、减少患者穿刺痛苦、使用简便等特点，成为目前应用最广泛的穿刺工具之一。

静脉留置针又被称为套管针，能够减少血管穿刺次数，对血管刺激性小，有效减少药液渗出，不易脱出血管，缓解患者因输液造成的心理压力，便于对危重患者进行抢救，提高了护理工作的效率，大大减轻了护理人员的工作量。留置针因具有上述诸多优点，已被广大患者及护理人员所接受。静脉留置针技术正日益广泛地应用在临床护理工作当中，许多医院都将静脉留置针作为临床输液治疗的主要工具。

随着国内医疗器械生产企业仿制创新能力的突飞猛进，山东威高、苏州林华、浙江康德莱、福建百仕韦等留置针厂家自主研发安全型的产品，并由二线市场向一线市场拓展，使得一线市场留置针竞争日趋激烈。可以看到的是留置针的竞争，将是一场以品牌服务价值为主导的战争。各个企业想要在市场的激烈竞争中胜出，务必积极研究各种有效的手段去提升品牌影响力、掌控渠道、整合产品线，让优质安全的产品被广泛接受，不断提高客户使用的满意度，从而实现最大的社会效益和经济效益。

同时，由于国内留置针市场当中有将近100家不同的生产供应商，其中有进口的，有本地的，再加上一直留在市场上的俗称皮条的随着输液器赠送的钢针，市场竞争非常激烈，创新也异常艰难。

作为留置针产品领军企业的QC公司，虽然在中国市场上已经耕耘多年，也面临了非常大的挑战。挑战来自于三个方面，一个是国家政策的影响，一个是来自于产能的过剩，第三个是来自于总公司的业绩压力。

那面临这样的状况，QC的业务管理层如何破局呢？

首先就是必须要回到根本的需求，也就是重新思考护理人员和患者在使用留置针的时候遇到的困难是什么，痛点是什么？怎样能够回应这些根本的需求。

第二点是，找到真正的竞争对手，对标谁才能给这个市场找到最大的机会。是国内的其他留置针品牌还是别的？讨论的结论就是最大的机会仍在钢针零容忍。

第三就是要创造红海中的蓝海。

讨论的结论，最大的机会仍在钢针零容忍，这是护理人员和病患的最大痛点,也是蓝海战略的机会所在。这需要怎样找到QC产品组合的价值，独特的价值，从而形成一个新的市场。

那么这家公司是如何组织的呢？

首先是设定一个明确的目标，基于前面的破局策略，把钢针零容忍作为扩展市场的核心目标。然后基于这个目标来了解现状，了解进度，了解关键策略，从了解现状方面涉及的微观市场调研，把钢针的使用的相关参数与留置针的使用相关参数具体到科室层面进行筛选。接着是进行扎实的数据收集，结合外部的市场数据，形成一张工作大地图，然后根据这个工作大地图来设定不同省份的关键策略。

现在的回顾发现，不同省份的关键策略在落地的时候有三个非常重要的工作步骤：

· 第一是要提前对目标医院的分级和目标科室的名称进行标签标准化管理，为后期的分析打好基础。

· 第二是为每一个行动计划设定实现时间表和预估结果。

· 第三是要坚决执行设计好的教育课程推广。

通过这三个步骤的落地，QC 公司的一线业务员们在目标客户人群中找到了足量的符合客户画像描绘的护理专家，护士，患者教育负责人。这为构建新市场打下了坚实的基础。

作为业务参谋的 SFE 团队在整个执行过程当中，从三个方面做了相应的筹备与规划。

首先就是销售政策的制定，基于市场经理设定的业务目标和关键考量因素，SFE 搭建了多场景的测算模型，最后归拢为一个通用的潜力计算公式。这个公式把不同的数据来源形成一个潜力值参数，然后把这个潜力值参数赋予每一家目标医院，对医院的销售指标进行了规划。

其次是基于明确的战略实施要求设定了不同省份区域的人员生产力目标，并基于生产力增量的布局设定了人员的布局。

第三方面是执行层面的监控，这需要把出厂数据，经销商渠道数据等销售数据，一线销售人员收集的内部竞争机会评估数据和来自外部的第三方市场监控数据组合起来，这三个数据源形成了一个数据库，组成大数据智能数据库。这个数据库从六个不同的维度来观测每一个销售区域的周 / 月进展程度，给出行动计划的迭代建议。

特别是这个六维智能数据库，对于 QC 蓝海策略落地起到了关键的作用。在迭代的过程中，一线业务人员的能力与态度一目了然，在运用 QV 呈现的报告中，把业务人员的工作能力和积极性与业务结果进行相关性分析，从而找到面对一线市场中业务流程策划迭代的机会点，并且不断地通过查缺补漏来确保每一个区域的业务人员都能够执行。

这样高效执行的结果迅速获得了多方的共赢。QC 的留置针市场占有率在激烈的竞争环境下始终能够保持在 50% 以上，提升了各级医院的护理水平，服务了更多的患者，同时护士的个人能力也得到了提升与发展，合作的临床科室与医院的护理建设也获得了长足的进步。当然，从 QC 业务最直接的结果来看，销售结果是非常好的，整个销售队伍的规模也得到了扩张。

第 4 章

数字化建设是高绩效营销的基建工程

4.1　医药行业数字化营销管理概论

大型的医药和医疗器械公司因为产品线多，覆盖全国的销售区域广，营销团队分工细致人员多，要实现 SFE 的管理目的，光靠手工管理不可能满足要求。外资医药企业自进入中国市场起，不仅在国内市场实行了 SFE 管理，还实施了相应的计算机管理系统。

外资医药企业进入国内市场后，根据业务发展，逐步引入了多种营销管理软件。如果按时间顺序列张清单，那它大概是这样的：

·CRM 系统：这是外资医药公司引入的第一个营销绩效管理系统，它是贯彻执行 SFE 绩效管理理念的核心系统，功能主要涵盖上一章讲到的 SFE 理论中的客户区隔、信息传递、拜访和辅导。

·BI 系统：几乎与引进 CRM 系统同时，BI 系统被用来分析 CRM 系统收集的数据，以便管理层可以及时了解 SFE 执行的有效性，助力管理决策。

·流向管理系统：由于中国幅员辽阔，医药企业需要通过多级经销商体系才能把医药产品配送到终端医院。追踪订单流向、监控窜货等需求催生了本土流向系统的发展和实施。这是中国市场独有的需求。同时，流向系统也为 SFE 理论中的销售结果提供了依据。

· 业务规划系统：这也是由中国市场的复杂性决定的，也是由国内IT 公司开发的，但尚未形成一个完善的系统。这类系统或工具主要包括主数据管理、辖区管理、指标设定等功能。

· 微信和小程序的应用：随着智能手机的出现以及微信和小程序的普及，医药行业也基于这些技术开发了众多的应用，例如流向申诉、奖金测算、在线培训、SFE 报告等。

我们接下来就逐一讲解这几类系统，从它们的发展到笔者对下一步的展望和想法。

4.2　医药行业常用的营销管理系统

医药行业常用的一些致力于SFE 绩效管理的计算机软件系统有很多，不同的企业根据自身的需要、在发展的不同阶段会采用或购买成熟的商业化软件、或找咨询公司定制开发的方式，实施自己相应的系统，以期达成提高效率、优化管理、助力决策的目的。

4.2.1　CRM 系统

CRM 在医药行业的应用由来已久，在中国医药领域的起点可以追溯到施贵宝和礼来，当时代表可是像今天考试一样，在"拜访卡"相应的栏目"涂黑"，以便后台服务器通过读卡器来识别拜访的具体内容。只不过，这个半自动系统的名字还不叫 CRM。

在我国，医药行业 CRM 系统的发展和演化经历了这样的几个阶段：

第一个阶段称为"ETMS（Electronic Territory Management System）或者 SFA（Sales Force Automation）"，起于 1998 年前后。此时的管理重点是提高效率，"时间就是金钱"，致力于减少医药代表花在行政工作上的时间，增加与医生在一起的时间。这一阶段 ETMS 或 SFA 系统的主要功能是客户区隔和拜访汇报。虽号称自动化时代，但不是所有用户都实现了自动化。像上述的 BMS，使用的是拜访卡，后来的拜尔在 2002 年上 ETMS 系统时给医药代表配备了 PDA，在当年可谓大手笔，舍得投入。

这一时期的主要软件供应商是 Dendrite 和 Siebel。Dendrite（中文名：登卓）是美国公司，在手提电脑盛行时开发了基于 PC 的 ETMS 系统，专门针对医药企业，是 ETMS 系统的鼻祖。Dendrite 在 2002 年进入中国，笔者在当年加入 Dendrite，直到 2012 年退休时做到中国区总经理。Dendrite 在中国的第一家客户是礼来。Siebel 除了服务医药行业，也为其他行业提供解决方案。Siebel 号称是第一家提供 CRM 系统的公司。

第二个阶段叫"SFE（Sales Force Effectiveness）"，开始于 2003 年前后。在实现了自动化后不能停留在表面，而应考虑如何使管理更有效。此时的重点是效果，"做正确的事"，体现在准确的客户定位以及团队销售能力的提高上。这一阶段 SFE 系统的主要功能还是客户区隔和拜访汇报。这时，有更多的外资药企加入了进来。阿斯利康从 2003 年开始，花了三年时间逐步推广到医药代表人手一个 PDA。而 BMS 的做法是提供一个 Web 页面，代表晚上回家使用自己的电脑上 SFE 系统填拜访汇报，公司给予一定的上网费补贴。BMS 的做法也是其后几年大部分上 SFE 系统的外资药企的做法。毕竟，医药代表的流动率高，公司提供一个设备的初期投入和日常管理成本都很高。

这一时期的主要软件供应商还是 Dendrite 和 Siebel。Dendrite 在中国的业务拓展到 BMS、拜尔、阿斯利康等多家外资药企，以及信谊制药和快客等内资企业。这一时期 SFE 的应用蓬勃发展，在它的后期这两家公司均被收购，来自法国的 Cegedim（中文名：赛捷）在 2007 年收购了 Dendrite，美国的 Oracle 收购了 Siebel。这两家公司被收购时都处于顶峰，卖了个好价钱，但收购方哪里能预见到 2008 年会爆发全球金融危机，从此行业格局改变。

第三个阶段称为"eDetailing"，大约是从 2009 年开始的。此时的 E 和第一个阶段的 E 虽说都指电子化，但内涵不一样。ETMS 的 E 是实现拜访汇报的电子化；eDetailing 的 e 是实现学术推广方式的电子化。这一阶段的关键词是智慧，"知识就是力量"。这一阶段医药行业也开始称呼此类系统为 CRM 系统，它的主要功能除了客户区隔和拜访汇报，主要就是加了 eDetailing，目的是解决企业市场部和销售部的分离，实现市场和销售的闭环，即 CLM（close loop marketing）。

在 2008 年的金融危机爆发之前，基于云端的 SaaS（software as a service，软件服务化）应用已很普遍，代表厂家就是 Salesforce.com。但彼时的医药行业没有采纳这一新技术，主要担心其不安全，不愿意把自身营销相关的核心数据放到云端。医药行业还是使用传统的方式，自建服务器和机房，把系统安装在内网，用户通过 VPN 等方式从外网登录系统。该传统方式的运营成本非常高。在当年的 Dendrite 美国，每年约 1 亿美元的收入是由 Pfizer 支付的，用于 Dendrite 提供全套服务给它的三十几个 IT 系统。

后经济危机时代，药企面临全球经济疲软，重磅炸弹药物专利到期，新药研发缓慢，竞争加剧等挑战，一方面需要降低成本，另一方面希望有新的手段，能更有效地向客户推广自己的产品。此时此刻，Veeva 应运而生，在制药行业 CRM 领域一骑绝尘，Salesforce.com 则占据了医疗器械行业。回顾 Veeva 当年的成功，笔者认为主要归功于以下几点：

· 敏锐地看到了制药行业因要大幅降低成本而对 SaaS 应用的态度改变。

· 选择跟 Salesforce.com 合作，而不是自己从零开发系统、自建云端服务等基础设施，在时间上占得先机。

·利用了苹果推出的 iPAD，它比传统的 PC 价格低，支持触摸屏，显示的颜色更漂亮，很容易吸引客户的注意力。

·提出了 eDetailing 和 CLM 的概念，给焦急寻求变革之路的医药行业带来新的理念和希望。

药企开始大资金投入，换 Veeva 系统，给医药代表配备 iPad，开发基于 iPad 的电子化的产品宣讲资料和手段，这个阶段的投入可以说是药企迄今为止投入最大的。

与 Veeva 快速抢占市场的势头相比，昔日的市场领军人物 Cegedim（Dendrite）和 Oracle（Siebel）则没能再创辉煌。到如今，这两家的名字已鲜有人知道，甚至 Cegedim 已被 IMS 收购（连 IMS 也成了 IQVIA 啦），而 Oracle 前几年在中国也大量裁员。

大约从 2010 年开始，医药行业 CRM 系统在中国进入了第四个阶段即"移动时代"。这一时代的关键词是赋能，"随时随地"提供所需的功能和内容，帮助医药代表由被动变为主动。随着智能手机的普及，特别是微信企业号的推出，医药企业看到了新的曙光，开始开发基于微信的 CRM 系统或者小程序，用较低的投入给代表提供更能帮助他们的工具。微信 CRM 系统的新功能确实给代表提供了帮助，如 KPI 报告、报销、流向申诉、奖金测算等，但在最重要的拜访管理方面却仍然没有突破。另外，Veeva 尝试开发市场活动管理模块，软素在虚拟代表（virtual rep）功能上有一定的建树。

Veeva 和 Salesforce.com 仍在第四阶段占据核心地位，但也遇到了像软素和云势这样的国内挑战者，不过在基于微信的开发和小程序应用领域占据阵地的则是众多的国内厂商。

世界在 2019 年底碰到了新冠病毒，医药行业在全球领域开始拥抱数字化，这标志着第五个阶段"数字化时代"的来临。这个时代强调"智能"，希望利用 AI、云计算、大数据、5G 等手段更精准地把握客户和市场的脉搏，提高营销的绩效。谁能成为这个时代的翘楚，目前还不得之，让我们拭目以待。

CRM 系统是基于 SFE 的理念：

• 不同潜力的客户对企业的价值不同，应该采用不同的推广策略。

• 行为的有效管理会带来业绩的提高。

基于上述理念，CRM 系统能够为营销管理带来的收益可以概括为：

• 有效掌控客户资源：

　• 将掌握在代表手上的客户信息集中管理，变成公司的资源。

　• 极大提高新代表的上手速度，给客户提供更好的服务。

• 有效管理代表的时间：

　• 根据公司政策有效管理代表的工作量。

　• 促使粗犷的销售方式更有计划性和可控性。

• 有效提高代表的产品推广技能：

　• 总结成功的销售经验，及时更新公司策略。

　• 提高整个销售团队的能力。

　• 加强一线经理的辅导和监督。

• 有效提高销售业绩：

　• 基于对客户的了解更精准地投入资源。

　• 更有效地管理销售过程，及时反馈和修正。

　• 通过影响医生的观点来保证稳定的处方。

CRM 系统在我国的外资医药企业应用了近 20 年，系统一个个在换，给代表配备的资源也越来越多，投入不断增加，可在核心领域"拜访管理"上的实际效果却一直差强人意。每个阶段大家都面临类似的困境：

• 用户的接受度：代表在多大程度上相信该系统能对他的工作提供

帮助？

· 数据的准确度：录入系统的数据准确度如何？

· 执行的有效性：实施的系统能被有效地贯彻执行吗？

笔者从 2002 年开始为医药行业实施 CRM 系统，近二十年来目睹行业为了销售团队管理的有效性而不断努力，一批批的 SFE 人希望解决"公司要管理，代表要自主"的困境。可时至今日，鲜有突破，CRM 系统成了一个昂贵的"考勤打卡系统"。即便如此，50% 以上的管理者还不相信这个打卡的结果。

医药行业 CRM，到底路在何方？革新之路依旧任重而道远。笔者结合自身多年为医药行业提供 CRM 解决方案的经验，基于对医药营销核心理念的认知，以及 SFE 管理理论的理解，提出自己的 CRM 系统设计理念：回归初心，关注本质。

笔者认为，SFE 管理理论没有问题，之所以大家对 CRM 系统收集的数据不信任，主要是 CRM 系统本身的设计出了问题。笔者的 CRM 基本理念如下：

· 回归销售管理的本源：关注推广的质量 / 结果，而不（仅仅）是代表的考勤。

· 发挥代表和一线经理的主观能动性：摈弃教条式的拜访管理。

· 兼顾管理层的要求和销售代表的需要：管控＋帮助。

要实现这样的 CRM 管理理念，CRM 系统应做到：

· 回归医药代表工作的核心目的：提高医生对产品的接受度。

· 相信医药代表对自己的客户最了解：让代表安排自己的推广计划，综合利用公司提供的各种资源以及各种渠道，科室会，市场活动，文献资料，拜访，……

· 变考核出勤率为考核推广的质量：客户产品接受度，销售能力，销售业绩。

·给医药代表提供所需要的帮助：辅导，培训，资料，市场活动，协访。

现在的医药行业都在拥抱数字化，考虑借助 5G、大数据以及 AI 人工智能，实现更精准的客户画像、区隔和定位，覆盖更广阔的市场并通过虚拟代表和远程拜访实现更有效的学术推广。希望在使用这些手段时医药行业不忘初衷，牢记医药产品营销的核心以及 SFE 的关键要素。这样才能真正实现高绩效营销的目的，否则又会沦为仅仅是采用了更先进的 IT 技术。

■ [案例：SFE 助力企业腾飞]

谈起借助计算机系统实现营销业务的有效管理，AZ 在业内是公认的走在行业前列的样板，当年笔者所在的 Dendrite 公司有幸成为 AZ 建立 SFE 系统的合作伙伴。2003 年，拜耳已实施了 Dendrite 的 SFE 系统，给医药代表配备了 PDA。AZ 在考虑 SFE（当时 AZ 叫它 ETMS）系统的规划时，没有选择一步到位，而是选择了三步走，分三年来实现。

第一步，先在总部实施 SFE 和 BI 系统。贯彻 SFE 必须首先在营销高层达成共识并付诸行动，AZ 选择先把高层销售管理者作为用户，实施 SFE 系统，开始收集和整理客户信息（医院和医生），管理拜访过程，并通过 BI 系统分析过程和结果，为高层管理者了解市场情况、进行决策提供强有力的支持。

第二步，将 SFE 系统推广到一线和二线销售经理。在得到销售总监等营销管理高层的认可后，AZ 在第二年将一线和二线销售经理纳入了直接使用 SFE 和 BI 系统的范围，他们可以直接使用电脑查看医药代表的客户、拜访以及销量，同时做好自己协同拜访的信息录入工作。

第三步，SFE 贯彻到一线部队，即医药代表。销售代表经过上两年的熏陶，已经非常了解 SFE 的管理方法，也看到了实际的结果。因此第三年 AZ 将 SFE 系统推广到医药代表，使得他们可以通过 PDA 手持终端直接管理自己的客户，记录自己的拜访行为。

AZ 的三级跳笔者一直非常推崇，因为它可以帮助企业逐步建立起 SFE 管理理念和相应的管理手段，并通过逐步投资、逐步推广的方式，不仅仅是分摊了投资，关键是从高层入手，得到高层认可再向下推广，稳扎稳打，让 SFE 得到认可，让大家看到成果。

还有一点，AZ 在第一年推出 SFE 系统时，专门印制了宣传海报、选出了推广大使、录制了公司各个高管的讲话视频，然后公司几位高管分赴全国各个办事处所在地，组织了几个分会场，同时向全体员工隆重介绍 SFE 系统以及它对公司的意义，使得人人知道，为 SFE 的贯彻执行打下了坚实的基础。

4.2.2　BI 系统

CRM 系统专注于营销过程的管理，但从管理的角度来看，光有数据还不行，需要把数据转化成分析和报告，才能更有效地了解营销运行的状况，与目标设定值的差距，才能寻找原因，制定改进策略，并跟进执行的情况。这就需要在 CRM 之后引入 BI（Business Intelligence）系统。

BI 系统的实施几乎是跟 CRM 系统同步进行的，它的应用经历了三个阶段。

第一阶段是"业绩考评"，此时的 BI 系统专注于现状，"到目前为止做得如何？"。考评的内容有 SFE 强调的过程指标，像覆盖率和频率，同时也有销售结果。各指标的分析除了看绝对值，还要看各种比例，同时与公司要求的目标相比，以更好地展现完成指标的情况。这是 BI 分析的基本工作，也是做营销绩效和业绩考核的基础，更是核算奖金的依据。

第二阶段是"发现问题"，此时的 BI 系统专注于洞察，"问题出在哪里？"。要找出问题，首先公司要根据业务发展制定一套标准，没有历史信息可参考的情况下可以用现状的平均值作为基准。然后，根据考核指标找出哪个产品、哪家客户、哪个销售团队、哪个市场低于平均值？以此作为发现问题的出发点。同时，也可看看哪个产品、哪家客户、哪个销售团队、哪个市场表现大大高于平均值，进而分析它们是如何做到的，有哪些经验可以普及？另外，不仅看公司内部，还要比较市场和竞品表现。由此，助力公司管理层专注在分析问题和解决问题上。

　　第三阶段是"计划和跟进"，此时的 BI 系统专注于决策，"如何解决问题？"。BI 系统不可能直接提供解决问题的方案，如何解决问题需要管理层找到方案，制定计划，并贯彻执行。而 BI 系统可在监控执行的效果上助一臂之力。BI 分析通常都基于一个时间周期，最小的周期通常是月，在改进计划落地后，下一周期的报告可以及时反馈计划执行的结果，还可以通过同比、环比等分析改进的成效。

　　大部分的 BI 系统从功能上都能满足这三个阶段的需要，但企业在应用上需要循序渐进，逐步达到利用 BI 系统进行辅助决策支持的目的。这么多年来，在国内医药行业使用的BI系统几乎都来自国外供应商，主要有：

　　一、BO（Business Objects）和 Cognos：这是早期医药行业使用的 BI 系统，它们非常庞大，对服务器的配置要求很高，运算速度较慢。后来，BO 被 SAP 收购，Cognose 结局如何笔者没有跟踪。当年医药行业用 Cognose，被大家诟病的速度慢在今天不可想象。当时，一个复杂的数据查询和计算，下班前给电脑发出指令，第二天早上来上班才可能看到结果。

　　二、QlikView（QV）：这是被医药行业广泛实施的一个 BI 系统，由 QlikTech 公司提供。当年的 Dendrite 拿到了 QV 在全球医药行业的代理权，QV 随着 Dendrite 进入中国市场而被带入国内，不过它当时用的是 Dendrite 给起的名字，叫 ForceAnalyzer（简称 FAZ）。2002 年底 Dendrite 在中国签了第一个 FAZ 单子，客户是先灵葆雅（它在多年前就已与默沙东合并了）。QV 的可视化交互界面、快速搜索和运算能力、可在 PC 上离线运行等能力，让它赢得了用户的喜爱。QV 一时成了顶级外资制药企业的标配，辉瑞、阿斯利康、施贵宝等都为所有的销售经理和公司管理层配备了这一工具。

三、Rombi：这是基于 iPAD 的一款 BI 系统，界面显示非常漂亮，只是处理数据的能力很弱，昙花一现后就消失了。不过，它提高了人们的审美水平。在它之前，大家觉得 QV 出的报告有图有表有真相，很漂亮了，但自从见了 Rombi，人们对"颜值"有了高要求，开始觉得越看 QV 的界面越"土"。

四、Tableau：这款 BI 系统是近十年出现的，一出现就以其典雅的界面显示风格和色彩被大家所喜爱，再加上 Tableau Reader 对用户免费，一时间很多医药企业纷纷放弃 QV 转用 Tableau。QlikTech 公司在几年后推出了自己的更新产品 QlikSense（QS），优化了界面显示风格、支持触摸屏、有了"故事板"等功能，同时继续发挥自身的强项，其数据快速搜索和处理能力仍是 BI 系统中做得最强的。Tableau 系统的主要短板也是后台处理数据的能力弱，不建数据仓库很难让 Tableau 直接处理大量数据，做复杂的运算。

五、PowerBI：这是微软的产品，风头正健，基于 Excel，有很好的界面展示，但短板还是后台处理数据的能力没有 QV 强。不过，随着数据中台的出现，数据整合能力增强，有望补上 Tableau 和 PowerBI 数据处理能力弱的短板。

近年来，国内的 BI 系统也开始出现，帆软是其中一个较知名的本地系统。另外，百度提供了免费的图形插件 eCharts，开发者能够调用，可以节省大量的开发时间。

实施 BI 系统能给企业带来的收益主要有：

• 及时发现问题，解决问题：

　　• 分析和报告每日更新，让公司决策层随时了解一线战况。

　　• 各级销售经理能及时得到各个维度的销售汇总和明细分析报表，有效地帮助他们及时掌握业务情况，采取对策。

• 促进沟通和有效决策：

　　• 各个部门看到统一的数据和报表，使各部门的沟通顺畅，提高了决策的有效性和及时性。

• 提高效率：

　　• 降低了人工成本。

　　• 减少了人为出错的概率。

　　• 数据统一集中管理，提高了安全性。

　　BI 系统的应用得到了医药行业大部分客户的认可，但有效利用 BI 系统的挑战在于：

　　• 数据的准确度：录入系统的数据准确度如何？

　　• 数据的及时性：数据可以在多长时间更新？

　　• 数据背后的意义：用户解读数据、分析数据的能力如何？

　　要深化 BI 的应用，切实发挥 BI 系统的作用，笔者认为需要从以下几点下功夫：

　　• 整合多种数据，进行多维度、多层级的数据挖掘和分析。

　　• 为各类用户提供他们所需的专用报表，并引导用户更有效地解读数据，以提升他们对相关领域的洞察力和决策能力。

　　• 改进现有 BI 系统，允许用户建立自己的分析思路，记录自己的分析结果和下一步计划，并跟踪改进结果。

4.2.3　流向管理系统

　　流向管理系统是中国市场独有的需求。正是由于医药企业需要通过多级经销商体系才能把医药产品配送到终端医院或者药店，对医药产品流向的追踪就非常重要，因为：

- 它是考核经销商，给经销商计算返利 / 服务费的依据。
- 它是考核商务代表，给商务代表和商务团队发奖金的依据。
- 它是考核医药代表，给医药代表和学术推广团队发奖金的依据。
- 流向数据即销量数据，若不准确将会引起：
  - 医药企业无法准确把握市场动向。
  - 有可能做出错误决策。
  - 有可能多发奖金和服务费。
  - 如药品过期退货，可造成更大经济损失。

在没有流向管理系统之前，医药企业依赖商务代表去经销商处收集数据，要经销商报自己的采购量和卖出量以及卖给了谁。经销商的卖出有可能是到下一级经销商，也有可能是到终端（医院或药店）。当时很多经销商还用手工来管理，再加上卖出量直接影响经销商和商务代表的收益，数据的准确性很难保证，甚至出现经销商和商务代表串通作弊的事件发生。医药企业曾采用抽检的方式核查，但很难覆盖到所有经销商，特别是在基层的经销商。

医药企业的需求催生了本土几家公司涉足流向信息收集和管理的业务领域，其中有外资背景的 Dendrite 公司，也有以财务审计为主业的倍通公司。现在，主要是倍通和环通这两家公司占据主要的市场份额。

实施流向管理系统的主要挑战在于：

- 经销商不配合：经销商没有动力提供准确的数据。
- 数据采集：
  - 必须因地制宜，采用多种方案。
  - 直连：如果经销商的系统开放直连，或者提供电子版数据。

　　• 人工从系统取数据：如果经销商提供一个 Web 系统可以查询数据。

　　• 人工现场拿数据：派人去现场收集。

• 数据匹配、转换：

　　• 建立各数据源的医院 / 产品 / 生产厂家 / 经销商等与药企自身的这些主数据的对应关系。

　　• 机构主数据不断变化，维护工作量大。

　　实施流向管理系统给企业带来的收益主要在于确保了流向数据的及时和准确反馈，加强了医药企业与经销商的深度合作。

　　虽然流向管理系统已相对成熟，但笔者认为它下一步的发展应该考虑对收集的流向数据经过脱敏处理后再加工，利用大数据技术对数据进行挖掘，提供对整个医药市场的洞察，可以像 IQVIA 和 CPA 一样，给医药企业提供市场数据和咨询服务。当然，其中会牵涉原始数据所有权的问题，需要有智慧去解决。

　　Dendrite 2006 年在中国做了有益的尝试，但由于 2007 年被 Cegedim 收购等原因，没有将当初的设想实现。Dendrite 当年想建立的行业流向数据平台是借鉴了日本的经验。在日本的跨国和本土制药企业面临的一个挑战是如何及时反馈医药代表学术推广的成效？医药行业的多家公司由此达成一个协议，委托一家第三方公司建立一个数据收集平台，命名为 JDNET。各家制药企业都授权 JDNET 去处理经销商提供的本企业的销量和流向信息，并在所有参与企业之间做到一定程度的数据共享。JDNET 上线后，各家制药企业可以在第二天就知道经销商配送和库存信息，很好地解决了学术推广效果的及时反馈问题。

　　JDNET 是一个分享才能共享的典型例子，制药企业加入平台，分享自己的数据，才能共享大家的数据。Dendrite 中国在 2006 年想用此理念在中国建立一个业内共享的经销商协同管理平台，并前瞻性地建立药企和经销商共同推广的机制。经销商除了反馈流向和库存数据给企业，同时还可以利用自己的资源帮助药企去做推广，给药企提供更多的服务，加强深度合作。Dendrite 将该平台命名为 j-centreSynergy，如图 4-1 所示，只可惜没有实现。

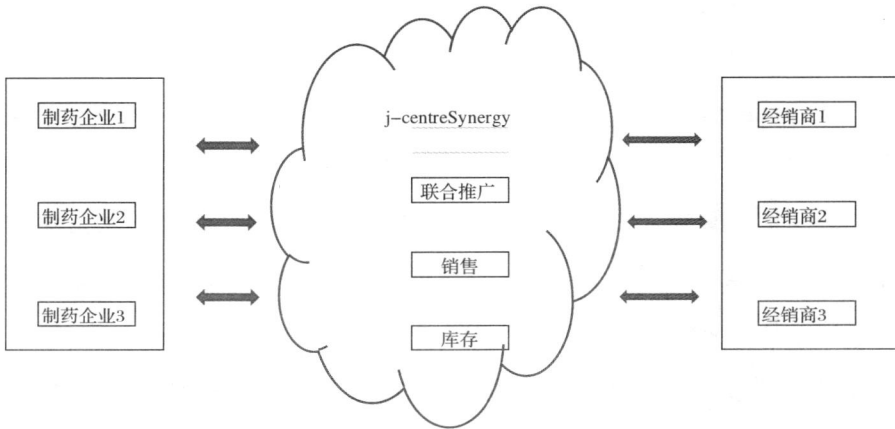

图 4-1　j-centreSynergy 系统的设想

4.2.4　主数据管理系统

主数据（master data）用来定义各种我们面对的主体或对象，如客户、产品、人员、组织架构、价格等，这类数据通常在一段时间内保持不变。这些数据是各类 IT 管理系统的基础数据，需要进行维护和管理，包括收集、更新、整合等工作。对医药营销而言，其中一类关键的主数据就是客户数据。

客户是一切营销活动的主体，医药行业的 SFE 理论强调对客户的区隔和定位，需要详细和准确的客户信息做依据。客户主数据管理面对的主要挑战有：

·数据量大：中国有 3 万多家医院，药店的数量更可观，同时有三百多万医生。没有一家医药企业可以覆盖所有的客户，必须从中选择。

·没有完善的权威数据：卫生部在 2008 年出过一本医院大全，此后没再更新。虽说可以通过药监局网站查询医院，通过卫生部网站查询医生，但无法批量下载数据。使用爬虫软件或其他工具下载，极有可能遭到拦截。

·没有标准 ID：不管是医院或药店这类机构客户，还是医生这类个人客户，都没有一个全国统一的标识码。医院相对变化较少，还可以通过地址来甄别；药店多且变动大，维护难度不小。医生虽然有行医执照，有唯一的编码，但在医生行医的场合比如医院和诊所里，医生是不把执照挂出来的，因此很难核对。另外，医生的身份证号码属于个人隐私，除非医生授权企业使用，否则就有合规的问题。大家都知道中国人有重名重姓的现象，要区分此李医生是不是彼李医生，没有身份识别码就很难。

·数据在不断地变化：为了做客户的区隔，医药企业光收集客户的名称是远远不够的，还需要有关客户的其他一些重要信息，比如医院的病床数、医生数、科室情况；医生的专长、患者数、职称等。这些信息处于变化中，它的持续更新是另一个挑战。

为应对这些挑战，医药企业做了不断的努力。很多企业建立了主数据管理系统（master data management，简称 MDM），实行了主数据管理的标准和流程，成立了专门的团队。不过，从行业整体情况来看，还基本处在各自为战阶段，各企业自己建立和维护自己的主数据系统。

首先，医院信息的管理。想起十年前一家外资制药企业的 IT 建了一个 MDM 系统，用来管理医院主数据。这家公司有内部以及不同年份从外部购买的数据，有几个不同的版本。由于内部没有能力去清理和整合这些数据，IT 给出的方案就是每有一个版本，就在 MDM 里建一个库，至于哪个库的信息准确，由业务部门自己决定。

现如今，大部分医药企业的医院主数据，都通过下边这些方式来更新和管理：

·经销商提供的流向数据包含有医院信息，医药企业需要将这些医院匹配上自己主数据中的医院。

·学术推广团队、KA 团队、企业市场部在日常工作中跟医院打交道，他们是医院信息更新的重要来源。

·医药企业每年做预算和指标时要确定目标医院，这是更新医院主数据的关键节点。

·咨询公司的医院名单也可以通过咨询项目得到，这是对医药企业主数据的补充。

医院主数据管理系统 MDM 需要提供下述主要功能：

1. 数据检查：对各数据源提供的数据进行检查，确保数据的准确，规范。包括：

·数据规范化：格式，字段，类型……

·根据既定的业务规则检查数据的关联关系，合理性……

2. 数据匹配：将数据源提供的数据与 MDM 系统中的主数据进行匹配，根据结果做 MDM 数据的更新、增加等操作。中文名称的匹配不像英文那么简单，我们有同音不同字等情况，医院也有标准名称、简称、别名等，MDM 系统需要有一定的智能和算法去做到快速检索和匹配。

3. 数据转换：不同数据源的数据可能同一内容的字段名不一样，也可能包含不同内容的字段，MDM 系统需要根据既定的规则进行数据的转换。

4. 医院的拆分和合并：这种情况的出现一方面是因为客观上医院主数据有变化，但更多情况下是因为 MDM 中的医院主数据有错误，需要修正。单单更新 MDM 系统看似问题不大，但各相应的业务系统的更新就不是那么简单了。比如，年初 A 和 B 是两家医院，有历史销量，有两个辖区、两个医药代表负责。年中发现 A 和 B 原来是一家医院，应该合并，那前半年的业绩算谁的？两个辖区怎么调？

5. 总院和分院：医院并非一个个孤立地存在，有些医院还有一个或多个分院。在此情况下，MDM 不仅仅要存储这两家医院的信息，同时要建立这两家医院的关联关系。

6. 医院主数据更新规则：主数据是基础和核心，被许多系统引用，它的更新要制定严格的政策，MDM 系统需要将这些政策通过流程和功能固化在系统中，保证它的落地执行。这些政策和规则包括：医院主数据更新的频率和时间？谁可以发起更新请求？何种情况下需审批？需要哪些人审批？医院主数据的编码规则，等等。

其次，医生信息的管理。除了医院和药店，医生信息也是重要的主数据。直到目前为止，大部分的医药企业还是通过学术推广团队等自身渠道收集和更新医生数据。即便如此，得益于行业内普遍采用 CRM 和 MDM 系统，医药企业也逐渐把客户信息沉淀、集中了起来，变成了公司的重要资源。

近二十年来，第三方的服务提供商也尝试通过服务帮助医药企业管理好客户主数据，第一家公司是 GBI。它的创始人开始想在中国做药物临床试验，有感于中国没有现成的医生数据库以及缺乏对医生的了解，他创立了 GBI。当时互联网已在国内普及，GBI 采用了从公网上收集跟医生相关信息的做法，再通过系统和人工双重手段对得到的数据进行清理、匹配、整合，逐步建立起了医生数据库。GBI 的数据库不仅有医生的基本信息，而且有医生发布过的学术文章、观点、论文等信息，以及医生间合作论著的信息，由此得到对医生学术方向的深入了解，以及医生间学术合作关系的洞察。

丁香园采用的是另外一种方法。丁香园的创始人是医科大学的学生，当年在校园创立了用于同学间交流的电子公告板（BBS），毕业离校后将此作为事业，创立了丁香园。丁香园并不直接提供医生信息给医药企业，他们当年的主要业务模式是利用自己作为医生同行的学术交流平台，帮助医药企业做市场调研，收集医生对治疗方案的意见和反馈。

第三种服务模式是在 Dendrite 被 Cegedim 收购后，2007 年由 Cegedim 引入中国。它是一套服务体系，名为 OneKey，意为对医生的精准定位，每位医生都有一个精确的 ID。这一解决方案当年不管是 Dendrite 还是 Cegedim，在欧美市场都已推出多年，有非常成熟的应用，在有些市场已经做成了行业标准。

OneKey 是一种分享才能共享的模式，它的服务体系主要包括：

1. 现有数据的清洗：加入 OneKey 服务的医药企业提供自己的医生信息（仅仅分享公共信息部分），Cegedim Dendrite 的服务团队会对数据进行分析和清洗，并反馈给医药企业它的客户数据质量报告。

2. 与 OneKey 数据的整合：通过数据匹配，医药企业的客户数据整合进 OneKey 数据库。同时，该企业可以共享 OneKey 数据库中所有的数据，由此扩大视野，看到整个的世界，以便更好地做好医生定位。

3. 数据更新：一家医药企业在发现某个医生的信息有更新后，可以向 OneKey 发出更新请求，由 OneKey 的服务团队经过电话等方式确认后更新 OneKey 数据库，所有参与 OneKey 体系的医药企业都会收到这条更新。由此利用大家的力量，保持医生数据库的实时性。

4. 与医药企业 CRM 系统的集成：要做到实时更新，就需要有 IT 系统的支持，OneKey 需要跟医药企业的 CRM 系统打通，以便保证更新请求以及确认的有效落地执行。

Cegedim Dendrite 当年在中国推广 OneKey 并不成功，其中一个因素是医药企业认为提供了数据，还要付较高的代价购买服务，似乎得不偿失。归根结底还是通过分享实现共享的理念没有被大家接受。不过，OneKey

的理念和体系却被业内的服务商所接受，GBI、Veeva 和软素等都建立了相应的团队，开始提供类似的服务。

除了医院主数据和医生主数据，产品也是企业的主数据。对产品的定义，需要考虑产品的层级和分类，以便可以按不同维度对信息进行加工和分析。

对于医疗产品，药品的定义相对简单。药品有通用名（generic name，特别是化药），这是按药品的有效化学成分来定义的，不会混淆。药品的商品名是由各家企业自己命名并得到药监部门批准的，企业的商品名跟通用名相对应。这样一来，即使药品没有全国统一的标准编码或 ID，因为有通用名，从市场角度就很容易将竞品跟自身产品进行匹配，也容易对药品进行比较和分析。

同时，药品的层级在营销领域也有通用的做法，从上往下分别为：

·治疗领域（Therapeutic Area，简称 TA）：描述药品属于哪一大类，如心血管、消化、呼吸、肿瘤、中枢神经系统药物，等等。

·品牌：药品的商品名。

·剂型：片剂、针剂、胶囊等。

·规格（Sales Kit Unit，简称 SKU）：药品最小包装单位。

相对于药品，医疗器械的产品分类和名称就复杂得多。医疗器械种类繁多，没有命名或编码规则，要对医疗器械产品进行分类和匹配就特别困难。UDI（Unique Device Identity）就是为了解决医疗器械产品命名规则问题而我国正在建立的一套编码体系。

4.2.5　业务规划系统

业务规划系统是笔者给起的名字，它主要为医药行业的 SFE 部门服务，旨在简化 SFE 的工作量，提高 SFE 的工作效率。目前很多医药企业正在使用的"辖区管理"和"指标设定"系统，笔者认为它们是业务规划系统的两个模块。

SFE 既是一个支持部门，又是一个监控部门，它的工作覆盖销售绩效管理的各个方面，非常细致繁琐，但出错造成的影响又非常大。大的医药企业的 SFE 部门有几十个员工组成，分成不同的工作小组，各自负责不同的职能，如：辖区管理、CRM 系统、业务分析、指标分配、奖金核算等。

这些职能和工作需要做大量的数据整理和运算，Excel 是常用的工具，SFE 同事都是玩 Excel 的高手。为 SFE 提供的系统或工具没有标准的功能或规范，都是根据各家 SFE 工作的流程和习惯量身定制开发的，可能是有数据库的 Web 系统，也可能是利用 Excel+VBA 开发的。由于 SFE 工作被分给了不同的工作小组，这类系统和工具很多情况下都是为各小组开发的，是一个个孤立的，很难形成一个标准化的统一系统。

这些各自为政的系统虽然比手工 +Excel 的方式进步了很多，也帮 SFE 提高了一定的效率，但造成的最大问题是系统之间不沟通，基础数据重复维护，时间节点又有不一致，对 SFE 管理的质量和效率还有待提高。

千里之行始于足下，营销管理始于规划。在医药行业，很多公司投入重金实施 CRM 系统，但结果却差强人意，很多药企困惑于到底 CRM 该拥有怎样的功能，才能保证投入能有预期的回报。

笔者为医药企业提供咨询和实施 CRM 以及 BI 系统的二十年，越来越清晰地看到光在手段上想办法是远远不够的，那都是"术"的层面，必须回到源头，解决好"道"的问题。营销的"道"是什么？那就是业务规划。它源于我们对市场的洞察，由此制定切实可行的营销策略，通过"指标"的设定，"资源"的分配，"人力"的安置，再通过有效地"执行"和"管理"来达到预期的目标。

大家都知道业务规划很重要，但多年来都已习惯于用人工的方法来制定，很少有企业通过系统的手段来进行。虽然企业已积累了内部和外部的很多营销数据，但多数情况下指标的设定还是靠拍脑袋，资源的分配原则也是一片模糊，导致方向不明确，自然执行的成效也就大打折扣了。

笔者认为，一个完善的业务规划管理系统应该包含以下主要功能模块：

1. 目标医院管理：确定目标市场是业务规划的第一步，该模块通过对医院潜力的分析等帮助企业选定自己的"战场"。

2. 辖区设置：如何将目标医院根据产品分片（俗称的"坑"）划分就是"辖区设置"这个模块的功能，它考虑了组织架构，区域的划分，以及产品和人员的配置，帮助企业在选定的"战场"上"排兵布阵"。

3. 指标分配：指标分配是一个核心模块，涵盖指标分配过程中的各个环节，包括销量预测模型，指标分配模型，指标的调整和审批等，这就像给每个"阵地"制定了明确的"作战目标"。

4. 资源配置：药企在完成了销售指标的分配后，还要对各类资源或者说费用进行相应的分配，以根据"作战目标"给每个"阵地"相应的补给和支持。

5. 人力资源管理：销售团队的人力配备也是进行业务规划时要考虑的重要因素，否则光有了"阵地"，"作战目标"和"补给"，没有合适的"兵"坚守各个阵地，谈何实现作战目标？

一个全面的业务规划管理体系，能为企业带来：

· 有效提升企业的业务规划能力：不管是一年一度的业务规划，还是根据市场以及营销结果所做的年内调整，企业都不再是盲目被动地应对，而是有的放矢，胸有成竹。

· 提高企业对市场和未来的洞察力：根据实际的业务运行情况，根据企业自身积累的大数据不断更新和优化相应的模型，完善经验的积累，实现企业自身的 AI（人工智能）。

·合理有效地设定指标和分配资源：根据公司发展的目标，基于内外部收集的数据，设定不同的模型，比较不同分配方案，助力企业的业务决策。

·高效便捷：改变了传统上基于 Excel 和手工进行业务规划的弊端，不必花费大量的人工去处理数据，数据实时共享，大大提高了工作效率，助力企业有效应对风云变幻的市场。

·为 CRM 等营销业务管理系统提供有力的支撑：CRM，流向管理等系统有了业务规划系统的导航，才能不迷失方向，才能达成预期的管理目标。

·保证数据的安全可靠：中央数据库是企业的"大脑"，记录了所有的数据以及企业的经验，通过权限控制和安全机制保证了信息不会丢失，不会被随意修改。

从目前业内的实际情况看，还没有医药企业建立起了完善的业务规划管理系统，大家还停留在建立分散的、满足特定目标的孤立系统或工具阶段，实施最多的是辖区管理（territory management system，简称 TAM）和销售指标设定（target setting）两个部分。

4.2.6　数字化和客户 360°

数字化（Digital）目前是个很热的词，国内国外各行各业都在讲数字化，我们国家从国家层面把这一轮数字化定义为新基建。数字化简单来看是把一切都变成数字，但这只是停留在原来的信息化层面，现在的数字化将借助 ABCD+5G，实现万物相连。ABCD+5G 代表：Artificial Intelligence（人工智能）、Blockchain（区块链）、Cloud（云）、Data（数据），所有这些手段在 5G 通信技术的助力下，能够帮助实现万物互联互通，极大地提高人类的劳动生产率，给人们带来更好的生活。

医药行业毫无例外也张开双臂拥抱数字化。企业成立了专门的团队，设立了相应的数字化项目，进行了不同的尝试。数字化才刚刚开始，医药行业在摸索前行。本节我们就从医药营销的角度来看看医药行业在尝试做什么。

市场营销的一切工作都是围绕着客户进行的，对数字化的需求也是服务于业务需求的，"客户 360°"几乎是各家做数字化的医药企业的共同愿景和目标，即通过数字化实现对客户 360° 全方位的了解和洞察，给客户提供 360° 全方位的服务。结合本书前边讲过的医药市场营销理念和 SFE 绩效管理理念，要做到 360° 就要从下边三个方面来着手：客户区隔和定位、信息提炼和传递、行为和结果。

先来看"客户区隔和定位"。最核心的问题，是如何全面地了解医生，即给客户画像。我们在前边讲过医生的潜力评估模型，从潜力和现状两个维度来考量，由此建立一个九宫格的医生区隔，把医生归为九类（segment）。这是一个简单的区隔方法，考虑的参数非常有限，而且仅考虑了静态参数，要做 360° 的客户画像（profile）是远远不够的，这就要求医药企业要能收集到更多的客户信息。

医药企业收集客户信息的手段以及面临的挑战为：

1. 数据来源必须合规，收集的数据内容也必须合规。只能收集跟客户相关的学术信息，不能收集涉及个人隐私的信息。

2. 通过内部各部门和各系统整合客户信息：医药企业跟营销相关的部门和系统有不少，他们分别跟客户打交道，对客户有不同的认知，采用不同的系统收集和汇总客户信息，如客户拜访、市场活动、临床试验、讲课和研究等。把现在所有的跟医生互动的数据源都打通，抽取大数据来分析，就需要建立相应的基础平台，解决数据库和数据库之间对医生 ID 的识别，确定医生信息的甄别规则，建立信息的互通和更新机制等，面临一系列的挑战。

3.外部数据的筛选和整合：医药企业要根据自己的需求，寻找外部能提供的数据源，面临的挑战比整合内部数据可能还要大。

4.数据抓取、清洗和整合的工作量非常大，只能逐步推进，逐步完善。

将从各个来源收集的医生信息进行清理、转换、整合后形成一套标准化的可供分析和使用的数据，企业市场部就可以通过分析这个大数据的自然属性，观念属性，行为属性等，对客户做深入的区隔。区隔是为了建立不同的客户类型，数据越细，对客户的了解越深，还可以在一个区隔下再做进一步的分类，建立子类别。最后给每一个类别打上标签，这就完成了客户画像的工作。有了客户画像，企业就可以根据自身产品特点和营销策略来选定自己的目标客户，即做好客户定位。

接下来，就是"信息提炼和传递"的环节了。企业市场部给不同的客户区隔打上标签后，通过发现一个区隔中具有共性的未被满足的需求，分析目前该区隔的行为特征和企业的希望目标之间的差距，进而提炼出针对每个区隔的产品学术推广关键信息以及最佳传播路径。

学术推广信息的传递，讲究的是多渠道（multi-channel promotion）。根据对客户群体的精确画像和区隔，医药企业就可以采用更有效的渠道去跟特定区隔的医生互动。借助数字化的手段，这种传播不再是单方向的，传递的方式可以更多样，更创新，是一个不断地360°影响医生的过程，这种影响可能包括一些显性的，甚至包括一些隐性的。比如，企业可以将产品宣传资料通过企业微信发给某个区隔内的所有医生，根据医生是否打开阅读、阅读时长如何、在哪些内容上花得时间长、是否转发、转发给谁等信息，就可以了解该区隔的医生对推送资料的态度、学术导向等信息，进而更精准地推送医生有需要的学术信息，同时指导相应的医药代表及时跟进。在跟医生互动当中，很重要的一点，这种互动的所有数据是需要同步抓取，不断地去分析，不断去校正医生画像的一个过程。这就需要数字化手段的加持。

在多渠道推广手段上，不管是外资还是内资，医药企业都非常重视移动端的应用，把手机作为跟医生交互的主要终端，开发了许多基于手机端的 App，有不少在微信、小程序以及短视频上的实践。例如，通过微信或者企业微信组织活动、发布新闻、传递产品信息；开发众多的小程序作不同的专题推广；开会时用报名、签到、互动环节、抽奖等功能；在小红书、B 站等做针对公众的疾病和健康教育短视频；帮助医生打造个人 IP 等。这里面遇到一个很有意思的问题，企业都想自己去打造平台，跟数据联动在一起，但是自己的平台影响力不够大，又得借助第三方像微信、抖音、B 站这样的平台。

最后，就是"行为和结果"方面。针对特定区隔的客户，通过精准的多渠道学术信息的传递以及跟医生的互动，实现帮助医生了解医药产品，促进医生开出处方的行为，在治疗患者的同时实现医药企业的业务目标。从一开始的对医生客户的识别，到医生在产品接受度的阶梯上一步一步提升，最终成为企业品牌的拥护者和宣传者，实现营销的闭环（close loop marketing，简称 CLM）。

考核一个数字化营销项目的成败，一个关键看它能否抓到非常多的跟客户交互的过程数据和过程 KPI，另一个关键就是看它能否带来预期的诊疗观念和行为的改变以及结果。数字化的投入很大，投资回报是一个要考虑的核心问题。在中国医药市场衡量数字化投入的结果有一定的难度，因为医药企业拿不到医生处方量，无法直接考量结果，只能通过医生的反馈、发表的文章等了解医生的观点。但我们都知道，一个人的观点并不代表他一定会采取相应的行动。

医药行业的营销数字化围绕着"客户 360°"在探索。内外部客户信息的整合、学术推广和与客户交互过程数据的抓取，以及客户观念和行为变化的追踪，是目前行业面临的主要挑战。虽说各家企业都在积极试水数字化，但面对面拜访的传统营销模式是根植在医药行业的基因，短期内不太会发生颠覆性的变化。目前的数字化是对这一传统营销渠道的补充，随着它的应用逐步深入，它将成为促进线下拜访有效性提高的利器。

作为本节的结尾，谈一下网络安全话题。全球许多国家对网络安全和个人信息保护都很重视，我国在 2016 年 11 月 7 日颁布，2017 年 6 月 1 日开始实施的《中华人民共和国网络安全法》，对网络安全制定了相应的法律。其中，第三十七条明确规定，"关键信息基础设施的运营者在中华人民共和国境内运营中收集和产生的个人信息和重要数据应当在境内存储。因业务需要，确需向境外提供的，应当按照国家网信部门会同国务院有关部门制定的办法进行安全评估；法律、行政法规另有规定的，依照其规定"。

照此规定，外资药企在中国的数字化项目收集的数据，不能存储在国外的服务器上，必须存在国内。为满足该要求，一些提供云服务的外资企业已在国内建服务器（通常与第三方公司合作的方式），比如微软的云 Azure 和亚马逊的云 AWS。

4.3 低代码平台

数字化的实现离不开 IT 技术的支持。在医药企业确定要上一个数字化项目后，我们首先想到的就是找一家软件开发服务商来帮我们编程序、写代码，把我们设想的方案用计算机软件系统来实现。

一旦软件开发服务商介入，他们就会提出诸如服务器放在哪里、用什么数据库、用户如何接入、数据从哪里来等基础问题，此时我们就需要公司的 IT 小伙伴一起参与讨论，业务部门负责该项目的小伙伴开始意识到原来项目预算要考虑这么多内容。

选好供应商开始实施，第一步就是需求分析和方案设计。经过多次沟通，双方的项目团队都尽可能全面地讨论了需求和方案，然后一起在项目确认书上签字。软件开发服务商将根据此文档开发相关的功能，这个过程可能持续几个月，等交付给企业做验收时，企业方项目团队可能发现由于各种原因引起，有些功能需要修改。这时不仅可能引发额外的费用，还会造成项目交付拖期。

这种传统的项目开发和实现方法带来的弊端很明显：

·项目周期长：需求讨论确认耗费大量时间，从头写代码周期长。

·需求变动风险大：实际业务需求由于各种内外部原因在不断变化，等代码写出来要变更代价大。

·投入高：建服务器、网络、数据库等基础设施，开发系统，运营和维护，样样都不省钱。

·系统间共享数据难度大：系统各自独立开发，有各自的数据库，要在这些系统间共享某些数据，或者要把各数据库的信息抽取到数据仓库，就要做大量的系统集成工作。

有鉴于此，解决问题的一个有效方法是把实现数字化应用的各个部分拆开，再通过行业分工与协作，由专业化的公司做专业化的事，用户只要购买相应的服务就可以了。由此出现了下述这样的分工：

·IaaS（Infrastructure as a Service，基础设施即服务）：这就是我们通常所说的云服务，比如阿里云、腾讯云。需要时，我们只需要在这些公有云平台上注册一个账号，就可以选择所需的配置，包括服务器，存储大小，网络的带宽，安全级别等，还可以根据需要随时扩容或重新选择，只要每月付服务费就可以了。

· PaaS（Platform as a Service，平台即服务）：云服务仅提供了基础设施，要想上一个数字化项目还需要编程序，还需要准备数据库及相应的环境，还需要决定用何种语言编程，打破这一方式的就是 PaaS，它的另一个名字叫低代码平台（Low Code Platform）。简单来说，PaaS 提供了一个开发软件的平台，可以在上边更快地搭各种应用软件。

· SaaS（Software as a Service，软件即服务）：这是大家已熟悉的服务，用户不用自己开发，也不用购买已开发好的商业化软件的用户许可证（license），只要租赁已开发好的软件就可以了，典型的就是 salesforce.com 系统。SaaS 软件通常都专注特定的应用，提供特定的功能，如 ERP、CRM、BI。

由于它们各自的特性，IaaS 又被称为后台，PaaS 是中台，SaaS 就是前台。不过，处于前台的应用系统不止 SaaS 一种形式，也可以是企业定制开发的应用软件，如我们本章前几节介绍的各类在医药行业使用的一些系统。

形象地来比喻，IaaS 相当于提供公路，PaaS 类似于提供各个零件组件让用户自己组装出一辆汽车，SaaS 则是租辆车来用。有了这些专业化服务，我们要上数字化项目就多了些选择，不用再像传统做法那样为乘车还要自己先修路、造车。

IaaS、PaaS、SaaS 三者可能由一家公司提供，比如微软，它既提供云服务（Azure）、又提供软件开发平台（Power Platform），还提供应用软件（如：Office 365）。它也可能由不同的公司提供，这些公司各有专长，比如：阿里云提供云服务，ClickPaaS 专注 PaaS 平台，Salesforce.com 提供 CRM 系统。还有众多的 IT 应用软件服务商利用 IaaS 或者 PaaS 提供自己的应用软件和服务。

IaaS 和 SaaS 大家已比较熟悉，低代码平台也就是 PaaS 在医药行业的应用才刚刚开始，除了 IT 技术部门其他小伙伴可能还没听说过，在此给大家做一简单介绍。PaaS 的目的是降低代码的开发量，采用的手段是将一些通用功能开发好后进行封装，搭建应用系统时就可以直接调用，而不必从底层代码开始写起。通用功能有很多，低代码平台基本上都会考虑以下这些方面：

·数据库：低代码平台会将数据库对搭建者屏蔽，搭建应用系统时不必再考虑数据库如何建，表结构如何，字段之间的关系，等等。对数据库的操作通过业务逻辑来驱动。

·业务模型：提供多种业务对象、关联关系、信息字段的搭建。

·页面布局、按钮、操作等：可以在低代码平台提供的组件中选择。

·事件和工作流：可以进行配置，用于根据各种条件和逻辑驱动业务流和数据流。

·分析和报告：在低代码平台提供的模板中可以选择不同的报告格式，再根据要求写逻辑和传数据就可以使用了。

·跟第三方系统或第三方数据的交互：除提供标准接口如 API 外，有些低代码平台还已经跟邮件、企业微信等打通，只要调用即可。

·PC 端和移动端：提供相关的框架支持这两个终端的应用搭建。

·二次开发工具：低代码平台希望满足各种应用的要求，但现实状况是不太可能，因为实际业务和需求千差万别，光靠配置就百分之百能够满足不现实。同时，由于低代码平台已将底层数据库屏蔽，开发者不能直接操作数据库，因此低代码平台会提供自己的开发工具，以便满足个性化的需要。

低代码平台的愿景为：

·敏捷（Agile）：实现无代码或低代码快速配置，从传统的"代码驱动"转为"业务驱动"，通过快速迭代尽速满足用户不断变化的需求。

·高质：快速搭建和调整业务系统，降低代码风险，保证系统交付的高质量。

·省时：大幅缩减项目周期，提升落地效率，助力企业快速实现数字化。

·降低总拥有成本：降低数字化和系统后期的维护成本。

根据笔者有限的观察和经历，低代码平台目前要写代码（即二次开发）的工作量占比还是比较高，平台提供的配置功能还需不断完善提高。同时，开发者还需要学习低代码平台的开发工具，各个平台都不一样，需要时间去掌握提高。不过，运用低代码平台的配置功能去搭建应用的工程师可以不需要太深的 IT 技术背景。

一代一代 IT 开发人员的梦想是建设一个超级强大的平台或系统，有特强的配置功能，不需要写代码（零代码），仅通过配置就能满足各种各样的实际需求。低代码平台是 IT 人的又一次伟大尝试。

至此，我们回顾了医药行业数字化的发展历程以及常用的 IT 管理系统，也总结了业内近几年在数字化方面的实践和探索，又简单介绍了刚刚在业内有尝试的低代码平台。业务需求不断对 IT 技术提出更高的要求，促使技术不断进步；同时，技术的进步又给业务提供了新的手段，赋能我们的营销创新和绩效改进。

我们国家把数字化建设称为新基建，的确，现代企业的生存和发展离不开数字化的手段。如下图 4-2 所示，离开了数字化，企业的一切都是空中楼阁，很难有效地达成：

·使命愿景化、愿景战略化、战略组织化：企业的崇高使命要转化成愿景，为企业指明方向；愿景要由战略来支撑，明确实现愿景的步骤和措施；战略要有人来完成，需要建设相应的组织和部门，否则人就是一盘散沙。

·组织绩效化：组织内部需要高效的运营，组织之间需要高效的协作，都要求各司其职、有目标、有绩效管理。

·绩效制度化：如果绩效不能常态化，不能有相应的制度来规范，那绩效管理就是一句空话。

·制度流程化：确保制度的有效遵守就要将制度落实到具体的工作中，通过流程的制定以及不断地优化和改进，促进制度的落地和执行。

·流程数字化：光靠人和组织的自觉性来按流程办事有一定的不确定性，同时流程的执行也需要有监督和评估，数字化的工具和系统就是不二之选。

通过流程数字化，企业把跟市场、客户、产品、运营、财务等相关的一切流程的信息都收集了起来，通过对这些数据的分析去发现问题，制定改进策略，再把改进后的流程放进系统去执行。如此，就能通过不断的改进和提升，促进组织绩效的有效管理和提高，最终确保企业不忘初心，达成自己的使命和愿景。

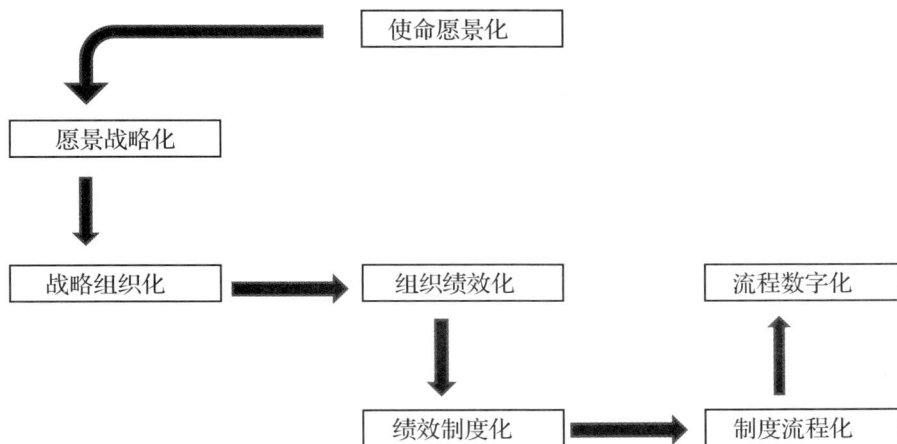

图 4-2　数字化助力企业达成战略目标

后　记

2020 年的 12 月份，笔者有幸与同济大学经济和管理学院负责 MBA 项目的吴菁老师相识。记得那天下着雨，我们相约在上海同济大学校园附近的星巴克咖啡馆见面。伴着南方冬天湿湿嗒嗒的雨，我们聊起彼此的经历和 MBA 班的教学，越聊越有同感。吴老师负责的 MBA 项目是跟美国明尼苏达大学合办的 MBA 学位教育，主要专注于 Medical Industry，即医药和医疗器械行业。而笔者多年来一直从事针对这一行业的营销绩效管理（SFE）系统的建设和咨询工作，对医药产品的营销和管理有自己的总结、见解和提炼。

这次会面的结果是笔者欣然接受吴老师的邀请，一起为 MBA 班的教学出一本参考书，就是这本《医药市场营销理论与实践案例》，吴老师此后又邀请了同为该 MBA 项目的杨蒙莺老师加入。接下来的一年里，我们各有分工，定期激荡讨论，在日常工作之余努力写作。由于新冠肺炎疫情的反复，本书的出版几经周折，终于于 2022 年与读者朋友们见面啦。

本书的写作，得到了许多朋友的大力支持和帮助。首先，向 E 药经理人研究院黄东临老师的帮助致谢，黄老师为第一章的内容和思路提供了建设性的指导意见。其次，非常感谢笔者的许多客户和朋友们帮忙提供案例，帮助审阅文稿，热心提出建议，他们的鼓励和认可是我写作的动力。特别感谢（排名不分先后）许荣华先生、罗颖女士、胡立秋先生、王寅女士、韩杨先生、叶靖磊先生、马樱女士。

另外，还要特别感谢同济大学的吴菁老师。她是本书的发起者，也是指导老师，在本书的写作过程中她每两周一次的例会鞭策着我们在工作之余要抽出时间写作，以便每两周有进展，能按计划交付相应的内容。同时，本书的出版也得益于吴老师的大力相助。

还有，非常感谢我的同事以及家人所给予的鼓励，使我在写作碰到困难时，能够度过低谷时段，继续前行。

本书肯定还有许多不足和尚待完善之处，敬请读者朋友们多多指正！

唐　燕

2022 年 7 月 30 日于上海